인생의 성공을 부르는 마법의 단어

인·절·미

인생의 성공을 부르는 마법의 단어

인

인내력

절

절박함

미친 실행력

성공적인
삶을 위한 레시피
인·절·미

당신은
인·절·미를
가지고 계십니까?

양은우
지음

도서출판 새빛
SAEVIT

들어가는 글

책을 쓰고 작가의 길을 걷기 시작하면서부터 제 마음 속에는 꼭 써보고 싶은 주제의 책이 있었습니다. 그건 바로 성공한 사람들의 비결을 담은 글이었습니다. 성공한 사람들의 마음가짐은 보통 사람들과 어떻게 다를까, 성공한 사람들은 어떤 사고방식을 가지고 있을까, 성공한 사람들은 어떻게 행동할까, 무엇이 그들을 성공한 삶으로 이끈 걸까, 그들과 보통 사람들은 어떤 면이 다른 걸까…. 그런 것들을 찾아내어 삶을 성공적으로 살아가고 싶은 분들에게 등대처럼 길을 알려주는 책을 쓰고 싶었습니다. 물론 그건 제가 개인적으로 알고 싶은 사항이기도 했고요.

그러한 의문이 꽤 오랫동안 제 머릿속을 떠나지 않고 남아있었습니다. 하지만 제 자신이 평생 직장인으로 살아왔고, 사회적 성공의 범주에 들어갈 수 없었기에 제 스스로 그것을 밝혀내기에는 역부족이었습니다. 그러다 10년 전쯤 우연히 한 기업가를 만나게 되었고 그의 성공 스토리를 듣게 되었습니다. 그분과의 만남은 아주 우연이었지만 그의 이야기 속에서 저는 제가 알고 싶었던 것들에 대한 실마리를 얻을 수 있었습니다. 그 이후 저는 기회가 생길 때마다 자신의 분야에서 성공했다고 인정받는 사람들을 만나 이야기를 나눌 기회를 가지려 노력했습니다. 지역의 CEO 모임이나 성공했다고 평가받을 수 있는 사람들 앞에서 강의를 할 기회가 생길 때면 꼭 그들과 개별적으로 약속을 하고 그들의 이야기를 들으려 노력하였습니다. 개인적인 인맥을 통해서도 성공한 분들과 이야기를 나눌 수 있는 기회들을 가졌습니다. 대부분의 성공한 사람들은 자신의 이야기를 들려 달라고 하면 신이 나서 자신의 이야기를 풀어 놓으려 합니다.

희한하게도 시간이 지나면 지날수록 그들의 이야기는 한 곳으로 수렴되는 듯했습니다. 사람마다 다른 사연이 있고 사람마다 겪어온 과정이 다를 것임에도 불구하고 그들의 얘기에는 늘 공통적으로 묶어낼 수 있는 요소들이 있었습니다. 간혹 예외적인 이야기를 하는 사람들도 있었지만 90%의 사람들은 같은 맥락의 이야기를 하고 있었습니다. 그들의 이야기를 한마디로 요약하면 '절박한 심정으로, 무엇이든 포기하지 않고, 꿈을 향해 앞뒤 돌아보지 않고 미친 듯이 달렸다'입니다. 인내력을 발휘하라, 절박한 심정을 가져라, 미친 듯이 실행하라. 그 이상도 그 이하도 아닙니다. 그들이 자신의 꿈을 이룬 방법은 다 달랐지만 그들 사이에 공통으로 흐르는 교훈은 바로 그것이었습니다. 물론 다른 사람들이 미처 생각하지 못한 요소들도 있었지만 그것들 역시 세 가지 내용이 바탕이 되어야 한다고 생각할 때 인내력과 절박함, 미친 실행력은 성공적인 삶에 이르는 최고의 레시피가 아닐까 하는 생각이 들었습니다.

성공적인 인생 = f(인내력, 절박함, 미친 실행력)

이 책이 성공한 사람들의 비결을 다루고 있지만 그들의 이야기를 직접적으로 다루고 있지는 않습니다. 그보다는 그들과 나

눈 이야기들을 저의 의견을 덧붙여 개념적으로 정리하려고 하였습니다. 이 책을 읽고 어떻게 자신의 삶에 접목하고 응용할지의 여부는 독자의 몫으로 남기기 위해서 말입니다.

성공에 대한 정의는 사람마다 다를 수 있습니다. 큰돈을 벌고 높은 자리에 올라가는 것을 성공으로 여기는 사람도 있겠지만 비록 돈이 없고 높은 자리에 오르지 못해도 인생을 만족스럽게 살 수 있다면 성공이라 여기는 사람도 있을 겁니다. 저 역시 이 책에서 성공의 기준을 구체적으로 제시하지는 않았습니다. 다만 뒤돌아보면서 후회하지 않는 삶, 나이 들어서도 여유 있게 지낼 수 있는 삶, 누구에게도 만족스럽다고 소개할 수 있는 삶이라면 성공이 아닐까 생각해 봅니다. 그리고 이 책은 그러한 성공을 염두에 두고 썼습니다.

이 책은 인내력과 절박함, 미친 실행력의 세 부분으로 구성되어 있습니다. 어느 부분을 먼저 읽어도 상관이 없지만 개인적으로는 절박함 → 인내력 → 미친 실행력의 순서대로 읽으면 좋지 않을까 생각됩니다. 무거운 주제를 보다 가벼운 마음으로 받아들일 수 있도록 될수록 간결한 문장으로 글을 쓰려고 했습니다. 아울러 글을 읽는 틈틈이 눈의 피로를 풀며 글의 내용을 잠시 되돌아볼 수 있도록 명화들을 삽입하였습니다. 그림을 보면서 짧게나마 힐링하는 시간을 가지시면 좋겠습니다. 마지막으로 이 책이 부와 성공을 꿈꾸는 많은 분들에게 삶을 대하는 자세와 태도를 되돌아보는 데 도움이 되길 바랍니다.

여러분 인생에는 인절미가 있나요?

차례

제3장. 미친 실행력

제1장.

인내력

인내력이란 무엇인가?

인내심과 내구성,
지구력의 합

성공적인 삶을 살기 위해서 필요한 요소들은 수도 없이 많겠지만 저는 그중에 으뜸은 인내력이 아닐까 생각됩니다. 아무것도 없는 허허벌판에서 성공이라는 큰 건물을 쌓아 올릴 때까지는 꽤 오랜 시간을 필요로 하고 험난한 과정을 거쳐야 하니까요. 인내력은 무언가 결과를 얻을 때까지 참고 견뎌낼 수 있는 힘을 말합니다. 어려운 상황에 처했을 때 굴하지 않고 그것을 극복해 낼 수 있는 힘, 힘겨운 상황에서도 도중에 포기하지 않고 목표지점에 이를 때까지 참고 버텨낼 수 있는 힘, 앞이 보이지 않는 안개 속 같은 애매모호한 현실에서 길을 찾아내는 힘, 하는 일의 결과가 우려되는 상황에서도 초조하고 불안해하지 않으며 의연하게 기다릴 수 있는 힘, 그런 것들이 인내력이죠. 인내심처럼 단순히 마음가짐이 아니라 마음가짐이 실제로 나타날 수 있도록 그것을 행동으로 옮길 수 있는 종합적인 정신역량을 일컫는 말입니다.

인생을 성공적으로 살아가는 데 인내력이 필요한 이유는 삶이라는 것이 그리 호락호락하지만은 않기 때문입니다. 기쁨과 슬픔, 행복과 불행, 즐거움과 역경, 오르막과 내리막이 번갈아 나타나는 것이 인생이죠. 그 순간들을 이겨내고 무엇이든 결실을 맺기 위해서는 참고 버티지 않으면 안 되는 인고의 시간이 필요합니다. 가을에서 봄으로 건너뛸 수 없듯이, 아무리 춥고 힘들어도 겨울이 지나야만 봄이 올 수 있듯이, 세상살이라는 게 인고의 과정 없이 이루어질 수 있는 것은 아무것도 없습니다.

인내력을 영어로 표현하면 어떻게 될까요? 아마도 가장 먼저 떠오르는 단어가 'patience'가 아닐까 합니다. 우리나라 말로는 '인내' 혹은 '인내심'이라고 표현되죠. 'endurance'라는 단어도 사용될 수 있습니다. '무언가를 끝까지 견뎌내는 힘' 정도의 뉘앙스를 가지고 있습니다. 기계의 내구성을 나타낼 때 이런 단어를 많이 쓰죠. 일정한 시간 동안은 망가지지 않아야 합니다. 여기에 한 가지 단어를 더 덧붙일 수 있을 것 같습니다. 바로 'persistence'라는 단어입니다. Persistence는 '무언가를 중단하지 않고 끝까지 밀고 나가는 힘'을 말합니다. 인내력은 patience + endurance +

persistence의 개념이라 할 수 있습니다. 힘들고 어려운 상황이 닥쳤을 때 그것이 지나갈 때까지 참고 기다릴 줄 아는 인내심, 그 사이에 좌절하거나 무너지지 않고 버텨낼 수 있는 단단함, 그리고 한 번 다짐한 것에 대해 처음부터 끝까지 포기하지 않고 이어나갈 수 있는 지구력 등이 복합된 개념이 인내력인 것입니다.

서둘러야 할 때와
기다려야 할 때를 아는 것

세상을 살다 보면 무언가를 서둘러 행해야 할 때가 있고, 반대로 물러서서 진득하게 기다려야 할 때가 있습니다. 인내력은 그것을 구분할 줄 알도록 만들어줍니다. 준비가 확실하게 끝났다, 때가 무르익었다고 생각하면 서둘러야 하지만, 아직 준비가 덜 된 상황에서는 힘을 갖출 때까지 꾹 참고 기다려야 하는 것이죠.

역사적 사례를 들어보도록 하겠습니다. 이성계를 도와 조선 건국에 혁혁한 공을 세운 정도전은 가난한 집안에서 태어나 자수성가한 입지전적인 인물입니다. 그는 고려 말기에 지금의 외무부 역할을 하는 부서의 말단 관리로 등용되었으나 원나라 사신을 접대하라는 조정의 명을 거역한 죄로 첩첩산중이었던 나주로

귀양을 갑니다. 정도전은 무너져가는 원나라를 벗어나 명나라와 손을 잡아야 한다고 생각했기 때문에 여전히 원나라와 외교관계를 유지하려고 하는 고려의 조정과 토호 세력들을 삐딱하게 생각했었죠. 그곳에서 쥐와 벼룩이 들끓는 초가에 갇혀 살면서도 정도전은 맹자를 비롯한 많은 책들을 읽으며 자신의 힘을 길러 나갑니다. 세상에 대한 비판적 시각을 가지고 세상을 뒤바꿔야 한다고 여긴 그였지만 당시만 해도 그에겐 아무 힘이 없었습니다.

그러던 그가 세상을 바꾸기 위해서는 그만한 힘이 있어야 함을 깨닫고 자신이 앞에 나설 수 있는 힘을 갖출 때까지 꾸준히 참고 기다린 것이죠. 10여 년의 세월이 지나 마침내 때가 왔다고 판단한 정도전은 당시 가장 막강한 힘을 가지고 있었으나 변방의 촌놈으로 취급받던 이성계를 찾아가게 되고, 그렇게 첫눈에 두 사람은 의기투합하게 됩니다. 이후 이성계를 통해 조선건국을 이루어 내고 자신의 야망을 그 과정에 쏟아 넣습니다. 한양 도성과 4대문의 설계에서부터 조선시대 헌법인 조선경국전에 이르기까지 그의 사상이 반영되지 않은 것은 아무것도 없습니다. 정도전은 '조선을 건국한 건 이성계지만, 이성계로 하여금 조선을 건국하게 만든 건 나다'라는 말을 공공연하게 떠들고 다녔다고 합니다. 그것이 빌미가 되어 이방원으로부터 칼을 맞아 죽기는 했지만요. 만일 정도전이 마음이 급하다고 해서, 서둘러 세상을 바꾸고 싶다고 해서, 서둘러 출세하고 싶다고 해서 힘을 갖추지 못한 상태에서 섣부르게 앞으로 나섰다면 조선 건국과 같은 큰일을 해낼 수 있었을까요? 어쩌면 큰일을 하기도 전에 목숨이 날아갔을지도 모릅니다.

인내력을 발휘한다는 것은 마냥 참고 기다리는 것만이 아닙니다. 비록 당장 무언가를 하고 싶어도 아직은 때가 아님을 깨닫고 기다릴 줄 아는 것, 때가 왔다고 생각하면 주저 없이 치고 나가는 것, 나아가야 할 때와 물러서야 할 때를 아는 것, 때가 왔다고 판단될 때 자신이 가진 모든 역량을 아낌없이 쏟아붓는 것, 그게 바로 제대로 된 인내력입니다.

〈Tasse Et Fruits〉
피에르 오귀스트 르누아르

혹독한 상황을 참고 이겨낼 수 있는 힘

인생의 목표를 이루기 위해서는 혹독하고 힘든 상황을 참고 이겨내는 힘이 필요합니다. 톨스토이가 쓴 《전쟁과 평화》는 완성까지 무려 5년의 세월이 걸렸다고 합니다. 5년의 세월동안 한 작품을 쓴다는 것이 얼마나 힘든 일이었을지 상상하기조차 힘듭니다. 조정래 씨가 쓴 《태백산맥》은 자료조사에서부터 구상, 집필까지 무려 10년이 걸렸다고 합니다. 한 가지 일을 완성하기 위해 10년의 세월을 참고 견딜 수 있을까요? 황석영 씨의 《장길산》 역시 11년의 세월 동안 꾸준히 집필한 결과물입니다. 박경리 씨가 쓴 《토지》는 무려 20년의 세월을 갈아 넣어 만든 작품입니다. 물론 그사이에 집필이 오랫동안 끊어진 시기도 몇 차례 있기는 하지만요.

톨스토이Tolstoy, 조정래, 황석영, 박경리, 그들 모두 오랜 시간 책을 쓰기 위해서 얼마나 힘이 들고 고통이 심했을지 짐작조차 가지 않습니다. 중도에 그만두고 싶은 마음도 많았을 것이고, 때로는 다른 작품에 몰입하고 싶은 생각도 있었을 것이고, 때로는 보다 편하게 글을 쓰고 싶은 유혹도 있었을 것입니다. 물론 작가들 중에는 동시에 여러 작품을 쓴 분도 계시긴 합니다. 하지만 그 오랜 시간 동안 힘들고 어려운 상황에 닥쳐도 그분들은 끝까지 그 어려움을 이겨내고 작품을 완성했습니다.

인내력이란 이런 것입니다. 단순히 시간만 보내며 기다리는 것이 아니라 어렵고 힘들고 고통스러운 상황을 꾹 참고 이겨내며 이루고자 했던 목표에 다다르는 것이 인내력이죠. 그래서 인내력을 발휘하기 위해서는 이유와 목표가 필요합니다. 왜 인내력을 발휘해야 하는지, 무엇을 얻으려고 하는지가 명확해야 하는 거죠. 그러한 것 없이 그냥 꾹 참고 견디는 것은 곰 같은 행동일 뿐입니다.

때를 기다릴 줄 아는 마음

와신상담臥薪嘗膽이라는 고사성어를 다시 떠올려볼까 합니다. 오나라의 왕 합려는 월나라를 공격했지만, 월나라 왕 구천의 화살에 맞아 죽고 맙니다. 합려는 아들 부차에게 자신의 원수를 갚아 달라고 부탁을 하고 숨을 거둡니다. 그날부터 부차는 가시가 많은 장작 위에서 잠을 자고 신하들로 하여금 '부차야, 아비의 원수를 잊었느냐'라고 외치게 함으로써 자신의 복수심을 잃지 않고 일깨우도록 합니다. '와신', 즉 가시나무 장작 위에 눕는다는 뜻이죠.

이 소식을 들은 구천이 오나라를 쳐들어왔다가 오히려 포로가 되고 맙니다. 포로가 된 구천은 부차의 노복이 되어 굽실거리며 살아야 했고 그의 아내는 부차의 첩이 되었습니다. 그러한 치욕을 3년이나 견딘 후에야 구천은 월나라가 영원히 오나라의 속국이 되겠다는 약조를 하고 겨우 목숨만 건져 제 나라로 돌아갑니다. 그날부터 구천은 잠자리 옆에 쓰디쓴 곰의 쓸개를 매달아 두고 쓸개를 씹으며 그 치욕을 잊지 않으려 합니다. '상담', 즉 곰의 쓸개를 씹는다는 뜻이죠. 결국 20년이 지난 후 오나라가 북벌에 눈이 멀어 있을 때 빈틈을 이용하여 오나라를 공격함으로써 부차를 포로로 사로잡고 결국 자결하게 만듭니다.

별로 아름다운 이야기는 아니지만 부차나 구천이나 자신이 꿈꾸던 복수를 하기 위해 적절한 타이밍을 노리고 있었고 그때까지 말할 수 없는 고통을 참고 견디지 않으면 안 되었습니다. 그 시간을 기다리는 마음에 조급함이 없었을까요? 하루라도 빨리 복수하고 싶은 마음뿐이었을 겁니다. 만일 그들이 조급한 마음을 다스리지 못했다면 부차든 구천이든 원하는 것을 손에 넣지는 못했을 겁니다. 조급함, 조바심이라는 훼방꾼을 마음속에서 밀어내세요.

불확실하고 애매모호한 상황을 이겨내는 힘

모든 것이 명확하고 확실한 상황보다 불확실하거나 애매모호한 상황일 때 인내력은 더 빛을 발합니다. 성공한 삶을 이루거나 부를 축적하는 과정에서 늘 확실한 길만 있는 것은 아닙니다. 때로는 안개 속 같이 한 치 앞을 내다보지 못할 때도 그 안에서 길을 찾고 그 길을 고수할 수 있는 역량이 있어야 합니다. 무언가 의사결정을 내려야 할 때, 우리는 일반적으로 합리적인 의사결정을 추구하지만 합리적이라는 것은 세상에 존재하지 않습니다. 애초부터 의사결정에 필요한 모든 자료나 정보들을 수집할 수 없기 때문입니다.

게다가 인간의 두뇌도 합리적 의사결정과는 멀게 작동을 합니다. 아무리 합리적인 의사결정이라고 해도 다른 사람이 보기에는 허점투성이가 될 수 있습니다. 그렇다고 중요한 일의 의사결정을 함부로 할 수도 없겠죠. 정보가 부족하고 한계가 있다 해도 그러한 불확실과 애매모호함을 이겨내고 올바른 길을 찾으려고 해야 합니다. 미국 해병대는 70%의 확신만 들면 의사결정을 하고 실행에 옮기는 '70퍼센트 룰'이라는 것이 있다고 합니다. 그만큼 확실한 상황은 존재할 수 없다는 겁니다.

코로나와 같은 팬데믹이 얼마 만에 다시 찾아올까요? 2000년 이후 평균 5년에 한 번꼴로 팬데믹이 찾아왔으니, 이후로도 그런 일이 또 생기지 않을 것이라고는 생각할 수 없습니다. 코로나로 인해 경제의 플랫폼은 오프라인에서 온라인으로 급격히 바뀌었습니다. 이후로는 어떤 변화가 찾아올까요? '언택트untact'나 '온택트ontact' 다음의 키워드는 무엇이 될까요? 그 모든 상황이 불확실하고 애매모호합니다. 그러한 상황을 이겨낼 수 있어야 하는 거죠. 힘들고 어렵다고 해서 포기하게 되면, 팬데믹이 불편하다고 해서 '에라 모르겠다'라고 거리로 나선다면 상황을 바꿀 수 없습니다. 힘들고 어렵고 불편해도, 그래서 지금 상황이 어떻게 달라질지 확신할 수 없어도 그 상황을 이겨내고 버틸 수 있는 힘이 있어야 합니다. 그게 참다운 인내력이죠.

역경에서 서둘러 벗어날 수 있는 힘

인내력은 회복탄력성과도 관계가 있습니다. 때로는 누군가로부터 무시당할 때도 있고, 때로는 누군가로부터 거절당할 때도 있고, 때로는 갑질에 눈물을 삼키기도 하며, 때로는 깊은 좌절을 느끼지만, 이 모든 것들을 꿋꿋하게 버티고 이겨내야 하니까요. 사소한 일에도 쉽게 상처받고, 그 상처에 묻혀 쉽사리 회복하지 못하고, 자신의 내면세계로 끝도 없이 침잠하는 성격이라면 어려움을 이겨내고 끝까지 자신이 원하는 바를 밀고 나가는 인내력도 떨어질 수밖에 없을 겁니다.

회복탄력성을 한 마디로 정의하면 역경으로부터 얼마나 빨리 회복될 수 있느냐를 나타내는 것이라 할 수 있습니다. 회복탄력성이 낮은 사람들은 좌절을 겪을 때 위기 속에서 오래 고통받을 수 있습니다. 도전에 직면했을 때 쉽게 굴복해 버리거나 무기력해지고 자신이 하는 일에 대해 주위 사람들의 부정적 의견이나 비난에 쉽사리 사로잡히고 맙니다. 그러다 보니 어떤 일에 실패하면 우울함과 체념으로 허우적거릴 수 있습니다. 반면에 회복탄력성이 높은 사람들은 어려움을 신속하게 처리함으로써 역경을 극복하는 데 그리 오랜 시간이 걸리지 않는 사람들입니다. 도전에 직면했을 때 끈기와 투지를 가지고 버티며 좌절을 겪었을 때도 쉽게 극복해 내는 경향이 있습니다. 주위 사람과 다투고 난 후에도 금방 그 사실을 잊어버리고 하던 일에 집중하거나 하던 일에 실패하면 바로 바닥을 치고 일어나 제자리로 돌아갑니다. 이러한 기질적 특성을 봤을 때 당연히 회복탄력성이 높은 사람들이 인내력이 뛰어나겠죠. 회복탄력성은 인내력과 깊은 관계가 있으므로 인내력을 높이고 싶은 분은 회복탄력성을 높이는 데 관심을 가져보세요.

〈글쓰기〉
가리 멜처스

자기 삶의 주인으로 살 수 있는 힘

자신에게 주어진 삶을 주체적으로 살아갈 수 있게 만들어주는 핵심요소는 무엇일까요? 심리학자들의 말을 빌리자면 인내력은 사회적 민감성과 함께 행동유지 시스템으로 분류가 됩니다. 타고난 기질이라는 것이죠. 그런데, 기질은 바꿀 수 없는 것이니 어쩔 수 없이 '이대로 살 수밖에 없어'라고 생각하게 되면 기질이 만든 삶대로 수동적으로 살아갈 수밖에 없습니다. '난 원래 이런 인간이야', '난 무능한 사람이야' 하고 자기의 행동을 합리화하면서 말이죠. 문제는 이렇게 살아갈 경우 자신의 삶을 자신이 선택할 수 없게 된다는 겁니다. 무언가 조금만 어려운 일이 생기거나 장애물을 만나면 그때마다 환경에 자기 삶의 주도권을 내주게 됩니다.

예를 들어 좋은 아이디어가 있어 사업을 시작하려 한다고 해보죠. 사업을 하려면 초기자금이 필요할 것입니다. 하지만 돈이 없을 경우 인내력이 낮은 사람들은 부족한 자금을 융통할 수 있는 방법을 찾기보다는 그대로 주저앉을 가능성이 큽니다. '내가 무슨 사업을 한다고…'하는 자괴감과 함께 말입니다. 그렇게 살다 보면 자신의 의도대로 살 수 있는 삶은 없어지겠죠. 환경에 끌려다니는 삶, 자신의 삶이지만 책임지지 못하는 삶을 살 수밖에 없습니다. 참으로 안타까운 얘기죠. 그러니 진정으로 자유로운 삶, 노예 같은 삶이 아니라 자기 자신이 주인이 되는 삶을 살고 싶다면 인내력을 기르는 훈련을 해야 합니다.

고통을 이겨낼 수 있는 강한 의지

왜 사람들은 인내하지 못하는 걸까요? 아마도 그 이유는 인내가 고통을 수반하기 때문일 겁니다. 아주 높은 산을 오른다고 해보죠. 무거운 배낭을 메고 가파른 산을 오르다 보면 어느 순간 체력이 바닥을 보일 때가 옵니다. 그 상태에서 산을 오르는 것은 무척이나 고통스러운 일입니다. 특히나 가파른 고갯길, 일명 '깔딱고개'라도 나타나면 당장이라도 숨이 넘어갈 것처럼 고통스럽습니다. 그래도 이 정도는 가볍게 참을 수 있습니다. 만일 너무 살이 쪄서 몸무게를 10kg 정도 빼야 한다고 해볼까요? 몸무게를 10kg이나 빼려고 하면 눈물겨운 노력이 따라야 합니다. 늘 배고픔에 시달려야 하고, 하기 싫은 운동도 꾸준히 하지 않으면 안 됩니다. 만일 1년 동안 다이어트를 한다고 하면 그 오랜 시간을 참고 견뎌내야 합니다. 이렇듯 인내에는 고통이 따릅니다. 하지만 고통은 쉽사리 적응되지 않습니다. 아무리 오랜 시간 고통을 참았다고 해도 내일의 고통 앞에서는 무릎을 꿇을 수도 있습니다. 고통의 고비를 넘기지 못하는 거죠.

고통을 참고 견뎌내기 위해서는 어떻게 해서든 원하는 것을 손에 넣겠다는 굳은 의지가 필요합니다. 어떤 상황에서도 흔들리지 않고, 어떤 상황에서도 타협하지 않는 굳은 의지가 있어야 합니다. 먹고 싶은 것이 있어도 꾹 참아야 하고, 담배를 피우고 싶어도 꾹 참아야 하고, 술을 마시고 싶어도 꾹 참아야 하고, 당장 게임을 하고 싶어도 꾹 참고 공부에 전념해야 하며, 비싼 명품을 사고 싶어도 아껴 쓰며 참아야 합니다. 하고 싶은 것 다 하고, 채우고 싶은 것을 다 채우며 살다 보면 성공에 이를 수 없습니다. 강인한 의지 없이 인내력은 길러질 수 없습니다.

의지는 현실의 즐거움이나 편안함을 희생하여 미래의 달콤함을 얻을 수 있는 일을 가능하게 합니다. 안타깝게도 현실의 달콤함을 위해 미래를 희생하며 사는 분들이 많습니다. 그 대가는 인생의 후반부에 돌아올 수 있습니다. 시간도, 돈도, 체력도, 열정도, 영원하지 않기 때문이죠. 미래를 위해 당장의 즐거움을 포기할 수 있는 굳은 의지, 미래를 위해 당장의 고통을 감내할 수 있는 굳은 의지가 여러분의 삶을 성공으로 이끌어줄 것입니다. 흔한 말처럼 '인내는 쓰지만 열매는 달콤'합니다. 강인한 의지로 고통을 이겨낼 수 있는 마음가짐이 성공으로 가는 문을 열어줄 것입니다.

내면에 강한 힘을 축적하는 것

인내력의 가장 기본은 기다릴 줄 아는 것입니다. 씨앗에서 싹이 솟아나려면 내부에서 땅을 뚫고 나올 수 있도록 에너지가 축적될 시간이 필요하고, 알에서 새가 깨어나려고 해도 자연스럽게 부리로 껍질을 깨고 나올 수 있는 힘이 길러질 수 있도록 일정한 시간이 필요하며, 어린아이가 성인이 되기 위해서도 오랜 시간이 필요합니다. 외국어를 자유자재로 구사할 수 있는 수준에 올라서려면 꽤 오랜 시간을 투자해야 합니다. 무슨 일이든 어려움 없이 해결할 수 있는 문제해결 능력을 갖추려면 많은 지식과 경험을 바탕으로 통찰력을 갖출 시간이 필요합니다. 직장에서 위 단계로 올라서기 위해서도, 자신이 하는 일의 분야에서 전문가가 되기 위해서도, 능력을 발휘하고 인정받을 수 있는 충분한 시간이 필요하죠. 맨주먹으로 시작해서 가난을 딛고 일어서기까지도 시간이 필요합니다. 그 시간을 인내하고 버텨내지 못하면 원하는 것은 아무것도 얻을 수 없습니다. 일과 사람 사이의 관계, 재산 등 세상의 모든 것들은 일정 기간 숙성할 수 있는 시간을 필요로 합니다. 그 시간을 기다릴 수 있는 사람만이 좋은 결과를 누릴 자격이 있습니다.

흙을 뚫고 나오는 씨앗이 껍질을 벗지 않는다고 급한 마음에 껍질을 벗겨내면 잎이 기형적으로 자라거나 자칫 식물이 죽을 수도 있습니다. 알을 깨고 나오는 병아리가 늦는다고 껍질을 깨 주면 새는 죽고 맙니다. 곡식이 잘 자라지 않는다고 해서 뿌리를 잡아당기면 말라 죽고, 요리를 할 때 급하다고 해서 센 불에 조리를 하면 타거나 재료가 가지고 있는 본연의 깊은 맛이 우러나지 않습니다. 결국 기다림이라는 것은 단순히 무언가를 미루어 둔다는 수동적이고 소극적인 행위가 아니라 본질의 가치를 더욱 높여줄 수 있는 최선의 타이밍을 찾는 것이라 할 수 있습니다.

와인이나 위스키는 기다림 없이 숙성될 수 없고 깊은 맛을 낼 수 없습니다. 오래 묵으면 묵을수록 향이 깊어지고 몸값도 올라갑니다. 된장이나 간장도 마찬가지입니다. 숙성되면 될수록 맛은 부드러워지고 깊은 맛이 납니다. 기다림을 견디지 못하고 뚜껑을 열어버리면 가치는 떨어질 수밖에 없습니다. 그러니 기다림이 약한 힘이라고 할 수 없죠. 오히려 이 세상에서 가장 강한 힘이 기다림 아닐까 합니다.

〈capucine〉
구스타브 카유보트

인내력은 왜 필요한가?

인내력이 있어야
기회를 잡을 수 있다

직장생활에서 인내력이 있고 없고는 큰 차이를 가져옵니다. 흔히들 직장생활의 꽃은 임원이 되는 것이라고 합니다. 사실 임원이 돼도 그리 좋을 건 없습니다. 연봉이 오르고, 전용 사무실이 생기고, 차가 주어지기는 하지만, 그것도 어차피 재직 중에만 주어지는 것이니 빌려주는 것이죠. 반면에 사업 성과가 좋지 않으면 바로 자리에서 물러나야 합니다. 실적 걱정에 발을 쭉 뻗고 지내기 힘든 자리가 임원의 자리이기도 합니다. 그럼에도 불구하고 직장생활을 하는 사람이라면 누구나 임원이 되길 꿈꿉니다. 임원이 되려면 무엇보다 능력이 뛰어나야 합니다. 한 사업 분야를 책임지고 이끌어 나가야 하는 선장 같은 역할을 하는 사람이니 성과를 만들어낼 수 있는 능력이 가장 중요하겠죠.

그런데 제가 30여 년간 직장생활 하면서 본 건 조금 다릅니다. 능력 있는 사람이 임원이 되는 건 맞지만 능력이 있어도 인내력이 부족한 사람은 임원이 될 수 없습니다. 그 전에 모두 다른 직장을 찾아 떠나버리거나 자기 사업을 찾아 떠나니까요. 의외로 똑똑하고 능력 있는 사람들이 직장에서 오래 남아있지 못하는 경우가 많습니다. 오히려 조금 능력은 떨어지더라도 한 직장에서 꾸준하고 성실하게 일하는 사람들이 임원으로 승진하는 경우가 더 많습니다. 예외가 많아 단정적으로 말할 수는 없지만 제가 본 경우는 대체로 그렇습니다.

똑똑하고 인내력도 뛰어난 사람들은 그야말로 크게 될 사람들이죠. 몸담고 있는 직장에서 임원으로 성공하고 싶거든 뛰어난 능력을 발휘하는 것이 가장 좋습니다. 하지만 만일 그만한 능력이 없다고 생각되면 인내력을 발휘할 줄 알아야 합니다. 기회는 누구에게나 올 수 있습니다. 하지만 인내력을 발휘할 줄 모르는 사람은 그 기회를 잡을 수 없습니다.

복리와 마스터리의 비밀

부자들이 쓴 '부자 되는 법'에 관한 책들을 읽으면 공통으로 나오는 단어가 있습니다. 바로 '복리'라고 하는 것이죠. 복리의 개념은 간단합니다. 금융기관에 돈을 맡겼을 때 원금뿐만 아니라 이자에도 이자가 붙는 것을 말합니다. 시간이 지날수록 기하급수적으로 금액이 증가합니다. 이에 비해 단리는 원금에만 이자가 붙습니다. 아무리 시간이 지나도 금액이 기하급수적으로 증가하지는 않습니다. 그래서 사람들은 복리를 환상적인 투자 수단으로 생각하기도 합니다. 하지만 복리가 위력을 발휘하기 위해서는 시간이라는 변수가 중요합니다. 만일 일정한 금액을 짧은 시간 동안 단리 예금과 복리 예금에 넣어두면 별 차이가 발생하지 않습니다.

만일 1,000만 원을 10%의 이자로 5년간 넣어둔다고 해볼까요?

	1년 후	2년 후	3년 후	4년 후	5년 후
단리	1,100만 원	1,200만 원	1,300만 원	1,400만 원	1,500만 원
복리	1,100만 원	1,210만 원	1,331만 원	1,464만 원	1,610만 원

큰 차이가 나타나지는 않죠? 하지만 10년이 지나면 얘기가 달라집니다. 단리와 복리 사이에는 큰 차이가 발생합니다. 5년 후에는 단리와 복리 차이가 불과 110만 원이던 것이 10년 후에는 약 600만 원까지 벌어집니다. 눈여겨볼 것은 뒤로 갈수록 격차가 커진다는 겁니다. 시간이 지날수록 가치상승의 폭이 커지는 것이죠.

단리와 복리 사이에는 큰 차이가 발생합니다.

	6년 후	7년 후	8년 후	9년 후	10년 후
단리	1,600만 원	1,700만 원	1,800만 원	1,900만 원	2,000만 원
복리	1,772만 원	1,949만 원	2,144만 원	2,358만 원	2,594만 원

여기에서 투자하는 금액을 돈이 아니라 자신이 가진 특정한 역량, 다시 말해 전문성이라고 생각해 보세요. 역량은 단리가 아니라 복리로 높아질 가능성이 높습니다. 선형으로 성장하는 것

이 아니라 어느 순간까지는 선형으로 성장하다가 임계점을 돌파하면 그야말로 급속하게 성장합니다. 물이 99도까지는 끓지 않다가 100도가 넘는 순간 갑자기 끓어오르는 것이나 다를 바 없습니다. 물이 끓어오르려면 끓어오를 수 있는 온도까지 기다려야 합니다. 물이 끓지 않는다고 해서 그것을 참지 못하고 중간에 불을 끄면 물은 결코 끓지 못합니다.

역량도 이와 마찬가지여서 임계점을 돌파할 때까지 기다리지 않으면 폭발적인 성장을 기대하기 어렵습니다. 평범한 수준에 머물고 마는 것이죠. 그 시간이 얼마나 오래 갈지 모르겠지만 꼭 참고 견딜 수 있는 인내력이 필요합니다. 로버트 그린Robert Greene이라는 작가가 쓴《마스터리의 법칙》에 그 개념이 자세히 소개되어 있습니다. 무언가 특정한 일에 전문가가 되면 의식적인 노력 없이도 자신이 가진 역량을 최대한 발휘할 수 있게 되는데 이 경지를 '마스터리mastery'라고 합니다. 이 마스터리에 이르기까지는 꽤 오랜 시간이 걸립니다. 꾸준히 참고 기다려야 하는 것이죠. 어떤 분야에서 인정받는 전문가가 되기 위해서는 꽤 오랜 시간을 기다려야 하지만 그 시간이 견딜 수 없이 힘들고 고통스럽다 보니 많은 사람들이 도중에 포기하고 맙니다. 아쉽게도 인내력 없이 할 수 있는 일은 아무것도 없습니다.

양은냄비와 무쇠솥

여러분은 타고난 재능이 있으신가요? 업무능력이든, 사업적 재능이든, 노래든, 그림이든, 운동이든…. 만일 그런 것을 갖지 못했다면 인내력은 성공적인 삶에 이르기 위한 훌륭한 수단이 될 수 있습니다. 인내력이 없는 사람들은 제풀에 지쳐 떨어져 나가기 때문입니다. 사람들 중에는 양은냄비 같은 사람도 있습니다. 양은냄비는 바닥이 얇고 열전도율이 높다 보니 쉽게 끓어오릅니다. 하지만 바닥이 얇아 열을 오래 가두어두지 못하기 때문에 식는 것도 금방입니다. 인내력이 없는 사람들은 양은냄비와 같습니다. 무엇을 하든 쉽게 달아오르고 쉽게 지칩니다. 서둘러 결과를 얻고 싶은데 결과가 쉽게 나오지 않으니 마음이 지치고 마는 것이죠. 직장생활도 마찬가지인지라 쉽게 지치고 쉽게 마음이 떠납니다. 능력이 있는 사람들은 손쉽게 다른 직장을 찾아 떠납니다.

인내력이 뛰어난 사람들은 무쇠솥 같은 사람입니다. 무쇠솥은 양은냄비에 비해 두껍기 때문에 달아오르는 데 꽤 오랜 시간이 걸립니다. 하지만 한 번 달아오르면 쉽게 식지도 않습니다. 무쇠솥 내부에 온기를 그대로 간직하고 있는 거죠. 양은냄비가 채 5분도 지나지 않아 차갑게 식는 데 반해 무쇠솥은 하루가 지나도 그 열기를 고스란히 간직하고 있습니다. 무언가를 오래 가슴속에 간직하고 밀고 나가려면 무쇠솥과 같아야 합니다. 마음이 지치면 열정을 불사를 수 없게 됩니다. 뜨겁게 타오르던 불길이 차갑게 가라앉고 마는 거죠. 인내력은 뛰어난 재능처럼 화려하지는 않지만 경쟁자를 물리치고 끝까지 살아남을 수 있게 만들어주는 가장 확실한 무기이기도 합니다. 만일 재능이 모자란다면 그것을 인내력으로 보완해 보세요.

탄탄한 과정 속에 다져지는 통찰력과 노하우

지름길로 다니는 데 익숙해진 사람들은 과정을 통해 얻을 수 있는 지식을 축적할 수 없습니다. 무엇이든 좋은 결과를 내기 위해서는 결과도 중요하지만 과정도 중요합니다. 결과를 얻는 과정이 여러 번 되풀이되다 보면 자신만의 노하우가 쌓이게 마련입니다. 통찰력이 될 수도 있죠. 이것이 한 사람의 가치를 가늠할 수 있게 만들어주는 힘인데 인내력이 뒷받침되어야 얻을 수 있는 힘입니다.

지름길을 이용해 단기간에 승부를 내는 데 익숙해지면 과정을 통해 얻을 수 있는 노하우를 놓치게 됩니다. 아무리 시간이 지나도 노하우는 쌓이지 않습니다. 그러다 세상이 변하거나 환경이 변하면 자신이 알고 있는 방법들이 모두 무용지물이 될 수도 있습니다. 노하우가 축적되어 있지 않은 상태에서 그런 상황에 놓이게 되면 그 상황을 헤쳐 나갈 힘을 가질 수가 없습니다. 재능 많은 사람들은 지름길을 이용해서 정상에 쉽게 오를 수 있습니다. 하지만 재능이 뛰어나서 쉽게 정상에 오른 사람들은 자신이 왜 그 자리에 설 수 있게 되었는지, 자신이 가진 노하우가 무엇인지 잘 모릅니다.

스포츠 경기에서 흔히 볼 수 있죠? 선수 시절에는 최고의 실력을 뽐내며 정상에 있던 사람들이 막상 감독이 되고 나면 그리 좋은 성적을 내지 못하는 모습을요. 오히려 선수 시절에는 이름을 날리지 못하던 사람들이 지도자로 변신한 후 성공을 거두는 일이 더 많습니다. 지름길을 이용하여 쉽게 원하는 것을 손에 넣는 사람들을 보면 부러운 마음이 들지만, 자신이 지름길에 올라설 수 있는 운을 타고난 사람이 아니라면 너무 그들을 부러워하지 마세요. 오히려 더디더라도 차근차근 쌓아 올린 탑이 더 튼튼하게 오래 갈 수 있는 법이니까요.

〈Les Périssoires, Rennes〉
구스타브 카유보트

뒷심의 차이

한때 우리나라 축구에는 고질적인 병이 있었습니다. 지금이라고 해서 크게 나아진 것은 아니지만 그건 바로 문전 처리가 미숙하다는 것이었죠. 상대방 골대 앞까지는 공을 잘 몰고 가다가도 꼭 문전에만 이르면 제대로 된 슛 한 번 못 해보고 기회를 날리곤 했습니다. 혹은 이기고 있는 경기라 해도 경기 종료 몇 분을 남기고 골을 내주며 무너지는 경우도 많았습니다. 이를 두고 사람들은 뒷심이 부족하다며 비난을 퍼붓기도 합니다.

사실 어떤 일을 하는 데 있어 성과를 나타내느냐 그렇지 못하느냐는 뒷심을 얼마나 발휘하느냐에 달려있기는 합니다. 누구나 시작은 거창하게 하죠. 하지만 시간이 지날수록 의지력은 떨어지고 뒤로 가면 갈수록 흐지부지되고 맙니다. 500쪽짜리 책을 읽을 때도 처음에는 의욕을 불태우며 읽지만 300쪽이 넘어가기 시작하면 자꾸만 남은 쪽 수를 헤아립니다. 그러다가 50쪽쯤 남았을 때, 결국 책을 다 끝마치지 못하고 집어 던지고 맙니다. 다 읽은 것이나 다름없다는 자기 위안과 함께 말입니다. 책이야 읽어도 그만 안 읽어도 그만이니 크게 문제 될 것이 없지만 만일 중요한 프로젝트에서 그런 일이 일어난다면 어떻게 될까요? 이전에 해왔던 일들까지 무용지물이 되어버릴 수 있습니다.

저는 직장생활을 하는 동안 국내에서 내로라하는 대기업에서만 근무를 했습니다. 직장생활을 하는 동안 늘 혁신활동에 시달렸던 것 같습니다. 한 해도 혁신활동 없이 넘어간 적이 없었던 것 같아요. 그런데 그중 성공한 혁신활동은 거의 보지를 못했습니다. 시작은 아주 그럴싸하게 하지만 시간이 지날수록 대부분 흐지부지되고 말더군요. 그간의 노력이 아깝게 여겨질 정도로 흔적 없이 사라지는 혁신활동들도 많이 봤습니다. 이런 혁신활동이 성과를 낼 수 있을까요?

인내력의 차이는 뒷심의 차이에서 나타날 수 있습니다. 뒷심이 강한 사람은 포기하지 않고 모든 일을 끝까지 밀고 나가지만 뒷심이 부족한 사람은 끝까지 나아가지 못하고 중도에서 그만두고 맙니다. 자포자기하고 떨어져 나가는 사람들이 그런 사람들입니다. 여러분이 다이아몬드를 캐는 광부라고 생각해 보세요. 몇 달을 고생해서 열심히 굴을 팠는데도 다이아몬드가 나오지 않자 그만 포기하고 돌아섭니다. 하지만 알고 보니 다이아몬드는 마지막 굴착지에서 불과 10cm밖에 떨어지지 않은 곳에 묻혀 있었습니다. 단지 10cm만 더 땅을 파고 들어갔어도 큰돈을 벌 수 있었을 텐데 아쉽게도 그 기회를 놓친 셈입니다. 마지막 10cm만 더 파 내려간다는 생각으로 일을 해보세요. 값진 보물, 값진 성과, 여러분이 바라는 결과물은 바로 그곳에 있을지도 모릅니다. 포기하고 싶을 때, 한 발짝만 더 나아가 보세요.

익지 않은 열매

모든 일이 그렇듯이 인내력에도 훼방꾼이 있습니다. 바로 조급해지는 마음입니다. 조급한 마음은 서둘러 결과를 보고 싶어 하는 마음에서 비롯됩니다. 자격증을 따기 위해 공부를 시작한 지 얼마 안 되어 성적이 쑥쑥 오르길 기대하는 마음, 책을 쓴 지 얼마 되지도 않아서 탈고하고 싶은 마음, 사업을 시작한지 얼마 안 되어 큰 돈을 벌고 싶은 마음 등이 서둘러 결과를 보고 싶어 하는 조바심의 증상입니다. 조바심에 사로잡히게 되면 짧은 시간에 결과를 보고 싶은 마음이 커집니다. 진득하게 참을 수가 없게 되는 거죠. 결과를 빨리 보고 싶은 마음에 무리수를 두기도 합니다. 그러다 보면 실수가 늘어나고 오히려 일은 더디게 되죠. 그러면 '나는 안 되나 봐'라고 자책하게 되고 좌절감을 느껴 포기하고 맙니다.

인내력을 발휘하기 위해서는 조급한 마음을 버려야 합니다. 무엇이든 짧은 기간에 맺는 열매는 맛이 없습니다. 맛있는 과일을 얻기 위해서는 단맛이 충분히 스며들 때까지 기다려야 합니다. 급하다고 해서 익지도 않은 열매를 따버리면 떫은맛 때문에 먹을 수가 없습니다. 조바심은 익지 않은 열매를 따버리는 실수를 하게 만듭니다.

우리 속담에 '바늘 허리 못 꿰어 쓴다'라는 말이 있죠. 급하다고 해서 바늘귀에 실을 꿰지 않고 허리에 실을 두르면 바느질이 안 됩니다. 아무리 급해도 실을 바늘귀에 꿰어 써야 하는 거죠. 조급한 마음은 잦은 실수를 불러올 수 있습니다. 조급하고 초조할수록 의식이 뚜렷하게 한 가지 일에 집중하지 못하고 분산되기 때문입니다. 조급증이 일 때는 심호흡을 한 번 크게 한 후에 서두를수록 좋은 결과가 나올 수 없다는 것을 떠올려 보세요. 그리고 일부러라도 마음의 여유를 가지고 느긋하게 일을 처리하려고 해보세요. 급할수록 돌아가라는 우리 조상님들의 말씀을 떠올리면서요. 우물에서는 숭늉을 찾을 수 없습니다. 서두르려는 마음이 오히려 일을 그르칠 수 있습니다. 인내력을 기르고 싶거든 서둘러 결과를 보고 싶다는 생각을 버리세요.

한 귀로 듣고 한 귀로 흘려버리기

인내력은 무언가를 꾹 참고 견뎌내는 힘입니다. 여기서 '무언가'는 목적지로 가는 것을 방해하는 요소들 혹은 장애물들이죠. 그런 것들 중에는 타인의 비난도 있을 수 있습니다. 비난은 사람의 감정 상태에 상처를 냅니다. 육체적 폭력을 당하면 살이 찢기고 피가 흐르는 것처럼 비난을 받으면 마음에도 상처가 생깁니다. 뇌는 육체적 고통이나 정신적 고통을 차이를 두지 않고 모두 같은 것으로 받아들입니다. 작동하는 두뇌 부위도 동일하고 분비되는 호르몬도 같습니다. 그래서 어떤 사람들은 그 고통을 견디지 못하고 마음먹은 것을 포기하고 맙니다.

'아무것도 없는데 네까짓 게 무슨 책을 쓰니?'라는 말 한마디에 책을 쓰려던 노력을 포기합니다. '네가 사업을 해서 성공할 수 있겠어?'라는 말에 창업하려던 생각을 접고 맙니다. '부자는 아무나 되니? 꿈 깨'라는 말에 부자가 되겠다는 결심은 흐지부지되고 맙니다. '자네가 이걸 어떻게 해? 시키는 일이나 잘해'라는 상사의 말 한마디에 도전정신은 눈 녹듯 사라지고 맙니다. 악플을 견디지 못하고 안타깝게 목숨을 버린 연예인들도 있습니다. 이런 비난은 인내력을 난도질하는 원인이 됩니다. 하지만 성공하는 사람들은 다른 사람들의 비난에 크게 신경 쓰지 않습니다. 자신이 옳다고 여기는 일이면 누가 뭐라 하든 개의치 않고 뚝심 있게 밀고 나갑니다. 결과로 보여주면 되니까요.

주변 사람들의 비난에서 자유로워질 수 있어야 합니다. 어떻게 책을 쓰냐고 비아냥거리는 사람에게 출간된 책을 눈앞에 던져주면 됩니다. 사업을 부정적으로 바라보고 부자가 되겠다는 결심을 비웃는 사람에게 사업으로 성공한 모습, 큰돈을 번 모습을 보여주면 됩니다. 너그럽게 벤츠 옆 좌석에 한 번 태워주세요. 자신을 무시하는 상사에게 보란 듯이 업무를 성공적으로 완수하는 모습을 보여주면 됩니다. 비난하는 사람들에 대한 생각을 바꿀 필요도 있습니다. 누군가를 비난하는 사람들은 모두 마음속에 열등감을 느끼는 사람들입니다. 상대가 잘나가는 것을 너그럽게 받아들일 수 있는 마음의 여유가 없기 때문에 비난하는 겁니다. '이 사람이 정말 책을 내면 어쩌지?', '이 사람이 정말 사업을 해서 성공하면 어쩌지?', '이 사람이 부자가 되면 무지 배가 아플 텐데', '이 사람이 업무를 성공적으로 수행하면 더 이상 이 사람을 나무라지 못할 텐데'라는 생각이 있기 때문에 아예 시작부터 싹을 자르려 하는 겁니다. 성공의 가능성을 원천봉쇄하고 싶은 거죠.

만일 그들의 말을 듣고 하려고 했던 일을 포기한다면 여러분은 그들이 의도한 원천봉쇄의 덫에 보기 좋게 걸려드는 셈입니다. 비난은 성공으로 되갚아주면 됩니다. 블릿프루프 커피Bulletproof Coffee라는 것이 있습니다. 고대 히말라야를 오르던 짐꾼들이 에너지를 보충하기 위해 마시던 커피로 우유나 설탕 대신 버터나 오일을 넣어 마시는 것을 말합니다. 물에 유지방을 섞으면 꿀처럼 점성이 높은 상태가 되어 세포의 활동력을 높여준다고 합니다. 일반적인 방식으로 로스팅한 커피는 신경과민이나 신체의 기능 저하 등의 증상을 나타낼 수 있지만 버터를 넣고 볶은 블릿프루프 커피는 그러한 부작용이 없어 기존 커피를 마실 수 없는 사람들조차 쉽게 마실 수 있다고 하는군요. 이 커피는 데이브 아스프리Dave Asprey라는 사람에 의해 개발되었는데 이 커피를 만드는 과정에서 수많은 사람들의 비난이 있었다고 하네요. 그는 커피 전문가도 아니었고 사람의 몸에 관해 연구를 하는 사람이었거든요.

하지만 그는 보란 듯이 성공했고 그를 비난했던 많은 사람들의 코를 납작하게 해주었습니다.

손만 대도 쨍하고 금이 가는 유리 멘탈로는 안 됩니다. 금이 가고 깨지면 자기만 손해입니다. 그러면 비난하던 사람들은 기다렸다는 듯이 '내가 그럴 줄 알았다'라며 물어뜯기 시작합니다. 누군가 자신을 비난하는 사람이 있거든 시간이 지나 성공한 모습으로 그들의 코를 납작하게 해주면 됩니다. 그러려면 비난을 이겨낼 수 있는 힘을 길러야 하죠. 건설적인 비판은 받아들이되 깎아내리기 위한 비난은 무시할 줄 알아야 합니다. 무시하지 못하고 포기하면 자신만 손해입니다. '한 귀로 듣고 한 귀로 흘려버린다'는 말은 이럴 때 딱 맞는 말입니다.

〈대화〉
페데리코 잔도메네기

팔랑귀를 막아내는 신념

부자들이나 성공한 사람들은 주위의 비난에도 아랑곳하지 않고 자신이 하고자 하는 일을 뚝심 있게 밀고 나가는 힘이 강합니다. 그 비결은 자신이 믿는 바가 옳다고 믿기 때문입니다. 이를 신념이라고 하죠. 신념이란 '굳게 믿는 마음' 또는 '어떤 사상이나 명제 등을 진실한 것으로 승인하고 수용하는 심적 태도'라고 하네요. 신념이 강한 사람들은 주위 사람들의 말에 쉽게 휘둘리지 않습니다. 반면 자신만의 신념을 가지지 못한 사람들은 주변 사람들의 말에 쉽게 넘어갑니다. 일명 팔랑귀가 되는 거죠. 이 사람 말 들으면 이게 옳은 것 같고, 또 저기 가서 저 사람 말 들으면 저게 옳은 것 같고, 또 다른 사람 말을 들으면 그게 옳은 것 같고…. 그러다 보면 자기 줏대는 온데간데없이 사라지고 다른 사람 말에 휩쓸리게 되는 거죠.

2002년 월드컵 경기에서 한국 국가대표팀을 맡았던 히딩크 감독은 왜 그렇게 고집스럽게 자신의 생각을 굽히지 않았을까요? 아마도 자신의 생각에 굳은 믿음이 있었기 때문일 겁니다. 모든 전문가들이 비웃고, 모든 언론이 잘못되었다며 지적을 하고, 모든 국민들이 오대영이라며 손가락질하는 시간이 히딩크 감독에게는 참기 힘든 시련의 시간이었을 겁니다. 그럼에도 불구하고 그가 모든 주위의 비난을 물리치고 자신의 소신을 발휘할 수 있었던 것은 자신의 생각과 자신이 하는 방식에 대한 자신감이 있었기 때문이겠죠. 아마 자신감이 없었다면 그동안 국가대표팀을 거쳐 간 수많은 외국인 감독들처럼 중간에 그만두고 말았을 겁니다.

인내력은 원하는 결과를 손에 넣게 해주는 가장 기본적인 마음가짐이지만 방향을 잘못 잡으면 엉뚱하게 시간과 노력만 소진할 수 있습니다. 그러므로 인내력을 발휘하기에 앞서 지금 내가 하려는 것이 옳은 방향인지, 옳은 생각인지, 옳은 행동인지를 다시 한번 곰곰이 생각해 볼 필요가 있습니다. 만일 그것이 '옳다'라고 생각하면 흔들리지 않고 자신의 소신대로 밀고 나갈 자신감을 가져야 합니다. 도움이 되는 조언은 귀담아들어야 하지만 '~카더라'하는 말은 과감하게 무시하세요. 자신이 하는 일에 대한 확신, 자신이 하는 일에 대한 굳은 믿음, 그리고 고통과 시련을 이겨낼 수 있는 인내력을 갖춘다면 여러분의 미래는 그 누구보다 밝을 것입니다.

절박함을 불러오는 힘

인내력은 절박한 마음이 있을 때 더욱 빛을 발할 수 있습니다. 추운 겨울날 산속에서 길을 잃었다고 해보죠. 살아남아야 한다는 절박한 심정이 없다면 두려움과 공포, 추위와 탈진 속에서 천근만근 무거워진 몸을 이끌고 길을 찾아 나설 수 있을까요? 죽어도 그만, 살아도 그만이라고 생각한다면 춥고 배고프고 더 이상 걸을 수 없이 지친 상황에서 쉽게 포기하고 말 것입니다. 지금 내가 이걸 하지 않으면 죽겠구나, 이걸 하지 않으면 살아남지 못하겠구나! 하는 절박함이 있어야 정신력과 체력을 극도로 끌어올릴 수 있습니다.

이러한 극단적인 상황이 아닐지라도 모든 일에 있어 같은 마음가짐을 가져야 합니다. 직장인들 중에 월급 받는 만큼만 일한다는 사람들을 종종 볼 수 있습니다. 이들에게 절박함이 있을까요? 이런 사람들의 마음속에는 자신이 가진 역량만큼 대우받지 못하고 있다는 불만이 쌓여 있을 것이고 그래서 최선을 다하기보다는 월급도둑이라는 소리를 듣지 않을 정도만 하자는 마음이 자리 잡고 있을 겁니다. 절박함이 없습니다. 그렇다면 힘들고 어려운 상황에서 최선을 다할 리 없습니다. 그들은 월급 받는 만큼만 일하는 게 아니라 그렇게 일하니 월급이 그 정도밖에 안 된다는 것을 깨닫지 못합니다.

사람은 지극히 이기적인 존재라 절박함이 없으면 자기 자신을 돌아볼 생각을 못 합니다. 가장 쉽게 할 수 있는 것이 남 탓을 하는 거죠. 환경 탓, 부모 탓, 친구 탓, 운명 탓…. 절박함을 가져야만 달라질 수 있습니다. 절박하면 쉽사리 포기하지 않게 됩니다. 포기하는 순간 생명이 위태롭게 되고 미래가 불확실해지는데 쉽사리 포기할 수 있을까요?

인내력이 있는 삶과 없는 삶의 차이

명예와 부 vs 아쉬운 후회

우리나라 사람이라면 모를 수 없는 이야기를 한 번 해볼까요? 단군신화에 곰과 호랑이가 사람이 되는 이야기가 등장합니다. 두 동물은 사람이 되고 싶어 환웅을 찾아가 빕니다. 환웅은 백일동안 빛이 없는 동굴 속에서 쑥과 마늘만 먹으며 지낼 것을 요구합니다. 곰과 호랑이는 사람이 될 수 있다는 희망을 가지고 쑥과 마늘만 먹으며 열심히 수행하지만, 호랑이는 참지 못하고 중간에 동굴을 뛰쳐나가고 맙니다. 고통스럽고 힘든 상황에서도 곰은 끝까지 견뎌내어 사람이 되고 환웅의 배필이 되는 보상을 받습니다. 역경을 이겨내지 못하고 중간에 포기해 버린 호랑이는 아무런 보상도 받지 못합니다.

오늘날 이런 이야기는 우리 주위에 수도 없이 많습니다. 요즘은 아이돌 그룹의 전성시대라 할 만큼 아이돌 그룹이 참 많죠? 겉으로 보이는 화려한 모습과는 다르게 아이돌 그룹이 되기 위해서는 무척이나 힘들고 고통스러운 시간을 거쳐야 합니다. 짧게는 2~3년에서 길게는 10년 가까운 세월까지 견뎌야 하더군요. 그 긴 시간 동안 외부인들과의 접촉도 최소화되고, 스마트폰도 마음껏 쓰지 못하고, 몸매 관리를 위해 먹을 것을 최소화해 가며 오로지 안무와 노래를 익히는 훈련을 합니다. 반복하고 또 반복하며 몸이 저절로 반응할 수 있을 때까지 연습을 거듭하는 거죠. 동굴 속에서 마늘과 쑥만 먹으며 버티던 곰이나 호랑이와 크게 다를 바 없습니다.

데뷔하고 나서도 한동안은 연습생 시절과 다를 바 없습니다. 살인적인 스케줄을 견뎌내며 피 끓는 나이임에도 불구하고 이성과의 교제도 할 수 없습니다. 인기 가수로 자리 잡은 아이돌 그룹의 모습은 화려하기 그지없지만 그 자리에 오르기까지는 피눈물 나는 노력이 있지 않으면 안 됩니다. 연습생들 중에는 간혹 그 혹독한 시간을 견디지 못해 그만두는 사람들도 있습니다. 그리고 그들의 결과는 극명하게 갈립니다. 이를 악물며 혹독한 훈련의 기간을 견딘 사람들은 유명 그룹의 멤버가 되어 화려한 스포트라이트를 받고 명예와 부의 자리에 오르지만, 그것을 참지 못하고 뛰쳐나간 사람들은 이름 없이 지난날을 후회하며 살 뿐입니다. 인내력이 있는 삶과 그렇지 않은 삶은 이렇게 대조적으로 달라질 수 있습니다.

〈Group IX,SUW, The Swan, No. 1〉
힐마 아프 클린트

완벽주의 vs 적당한 타협

100m 달리기 선수와 마라톤 선수 중 누가 더 인내력이 뛰어날까요? 당연히 장거리를 뛰는 마라톤 선수의 인내력이 훨씬 뛰어날 겁니다. 단거리 선수는 짧은 거리를 달리기 때문에 순간적으로 힘을 폭발시킬 수 있는 파워와 순발력이 필요하다면, 마라톤 선수는 인간의 한계를 뛰어넘는 고통을 참고 견뎌내야 합니다. 흔히들 인생을 마라톤과 같은 장거리 경기에 비유합니다. 때로는 순간적인 폭발력과 파워를 발휘해야 할 때가 있지만 인생 전체를 두고 볼 때 그러한 역량보다는 숱하게 닥쳐올 수 있는 고난의 순간들을 이를 악물고 헤쳐갈 수 있는 인내력이 더 중요한 요소가 될 수 있는 거죠.

그렇다면 인내력이 뛰어난 사람들은 왜 성공한 삶을 살 수 있을까요? 미국의 심리학자이자 신경학자인 C.R. 클로닝어C. R. Cloninger 박사가 개발한 신경생물학적 모델에 따르면 인내력이 뛰어난 사람들은 다음과 같은 특징이 있다고 합니다. 첫째, 부지런합니다. 일의 착수가 빠르고 빠르게 완성하는 경향이 있습니다. 둘째, 무언가를 수행할 때 장애물이 있어도 포기하려 하지 않고 실패나 좌절에 맞닥뜨려도 단념하지 않습니다. 어떻게든 일을 마쳐야 한다는 신념이 강하며 지속적인 노력을 합니다. 셋째, 성공이나 성취에 대한 야망이 큽니다. 그래서 기대한 것보다 더 많은 것을 이루어 내는 경향이 있으며 어학공부나 다이어트처럼 시간이 오래 걸리는 도전에도 기꺼이 몸을 사리지 않고 나섭니다. 넷째, 좀 더 쉽고 편리한 방법을 찾지 않고 자신만의 고유한 방법으로 일의 완성도를 높이려고 합니다.

요약하자면, 근면하고 끈기가 있으며 야망이 있고 과도하게 성취하려는 경향이 있다고 합니다. 매사에 완벽주의를 추구하는 경향이 있고요. 반면 인내력이 부족한 사람들은 이러한 특징이 있다고 합니다. 첫째, 별로 어렵지 않은 일도 쉽게 착수하지 못하고 꾸물거립니다. 둘째, 자신이 목표로 하는 일을 수행하는 도중 장애물이 나타나거나 실패, 좌절을 겪으면 쉽사리 무너져 내립니다. 셋째, 긴 관점에서 발전적인 생각을 하기보다는 현재의 성취에 만족하며 도전의 필요성을 잘 못 느낍니다. 넷째, 현실과 적당히 타협하려고 합니다. 무언가를 수행하는 최소의 기준이 있다면 그 최소의 기준만 통과하려고 합니다. 인내력이 약한 사람은 게으르고 의지력이 약하며 야망도 없고 사소한 것에 만족하는 경향이 있습니다. 그러다 보니 쉽사리 '이만하면 됐다' 하며 타협하는 경향이 있습니다.

폐업의 위기를 이겨내고 이룩한 성공

몇 년 전 뉴스에 한 기업의 사례가 소개되었습니다. 2019년 매출이 불과 8천만 원이었던 업체가 코로나로 인해 모든 기업이 신음하는 2020년에는 매출 80억 원을 기록할 것으로 예상된다는 것이었습니다. 이 회사가 무엇을 하는 회사일까요? 이 회사는 어떻게 단 1년 만에 100배의 매출 성장을 이루어 낼 수 있었던 걸까요? 그 회사의 매출 성장은 코로나로 인한 것입니다.

클리어윈코리아라는 업체로 에스컬레이터의 핸드레일을 소독하는 기계를 개발한 업체입니다. 우리 생활에 이제 에스컬레이터는 없어서는 안 될 만큼 편리한 장치 중 하나죠. 높은 건물에는 에스컬레이터가 설치된 곳이 많고 대부분의 지하철에도 에스컬레이터가 설치되어 있습니다. 에스컬레이터를 탈 때 안전을 위해 늘 손잡이를 꽉 잡으라고 합니다. 운행 중 갑자기 멈추거나 반대로 갑자기 움직일 경우 다칠 수도 있기 때문이죠. 그런데 다른 사람이 잡았던 손잡이를 잡으려고 하면 왠지 찝찝한 느낌이 듭니다. 특히나 코로나처럼 전염병이 유행하는 시기라면 더욱더 민감해지겠죠.

클리어윈코리아가 만든 제품은 에스컬레이터의 핸드레일을 살균해 주는 기계입니다. 아쉽게도 2015년에 제품 개발을 완료하고 특허출원과 미국, 유럽 인증을 완료했음에도 불구하고 제품 판매는 지지부진했었습니다. 분명히 필요한 제품임에도 불구하고 수요가 없었던 거죠. 회사는 제품개발비와 인건비 등의 고정비를 감당하기 힘들어 고금리 사채까지 동원하며 살아남으려 노력했다고 합니다. 직원들에게 6개월 동안 월급을 주지 못해 11명의 직원 중 10명이 퇴사하기도 했다는군요. 결국 폐업까지 생각할 정도로 힘겹게 생존하다 결국 코로나로 인해 대박을 맞게 된 겁니다. 이 회사가 얼마나 어려웠을까요? 고금리 사채는 이자가 눈덩이처럼 불어납니다. 빚 방석에 올라서고 직원들마저 회사를 떠나는 참담한 모습을 보면서도 회사의 사장님은 절대 사업을 포기하지 않았습니다. 그동안 얼마나 회사 문을 닫고 싶었을까요? 그럼에도 불구하고 끝까지 그 어려움을 참아낸 결과 혁신적인 성장을 이루어 낸 것입니다. 인내력의 승리를 몸소 경험한 셈이죠.

가장 높이 날 수 있을 때는 가장 낮게 있을 때

인생은 높은 산과 낮은 계곡을 끊임없이 오르내리는 롤러코스터와 같습니다. 높은 산은 성취나 성공을 말합니다. 낮은 계곡은 시련과 좌절을 말합니다. 누구든 일평생을 살면서 정상만 찍는 사람은 없습니다. 높은 산에 오르기 위해서는 낮은 계곡을 지나야 합니다. 사람에 따라 산의 높이도 계곡의 깊이도 다릅니다. 어떤 사람은 계곡이 낮아 수월하게 일생을 보내지만 어떤 사람들은 깊은 계곡에 빠지기도 합니다.

깊은 계곡에 빠질 때 사람들은 자신의 운명을 원망하고 때로는 좌절하기도 합니다. 자신이 하고자 했던 일이나 원하는 것을 얻을 수 없도록 외부적인 힘에 의해 차단당할 때 우리는 큰 좌절감을 느낍니다. 무언가를 갈구하는 마음이 크면 클수록, 그래서 그 일이 틀어졌을 때 느끼는 실망감이 크면 클수록 좌절감도 커집니다. 이렇게 좌절을 겪었을 때 그것을 딛고 일어나는 힘이 있어야 합니다. 이를 '좌절 인내력'이라고 합니다. 단순히 무언가를 끝까지 참고 견뎌내는 힘도 중요하지만, 좌절을 맛보았을 때 꺾이지 않고 다시 일어나는 힘이 성공을 좌우하는 힘이 될 수도 있습니다.

좌절 인내력이 높으면 아무리 힘든 일을 당해도 다시 도전할 용기를 가질 수 있습니다. 그래서 어려운 상황을 스스로 딛고 일어서려고 노력합니다. 쓰러진 자리에서 다시 일어나 계곡을 오를 수 있습니다. 돈을 벌려면 돈이 없어 봐야 합니다. 돈 벌기 가장 좋은 때는 돈이 없을 때라고 합니다. 성공을 하려면 실패의 아픔을 겪어봐야 합니다. 안타깝게도 좌절 인내력이 낮으면 힘든 일을 당했을 때 그대로 주저앉을 가능성이 큽니다. 주변 사람들에게 손을 벌리거나, 주위의 도움 없이 혼자서는 일어서기 힘듭니다. 화가 늘어나고 짜증이 심해지며 성취를 가로막게 되는 거죠.

삶에서 벌어지는 모든 일들은 동전처럼 양면을 가지고 있습니다. 잘 되던 일도 사소한 일로 인해 실패할 수 있고, 안 될 것 같던 일도 순식간에 불이 붙듯 잘 될 수 있습니다. 성공과 실패를 가르는 것은 마음먹기에 달려 있습니다. 성공했을 때 지나치게 자만하지 말고, 실패했을 때 지나치게 좌절하지 마세요. 더 이상 내려갈 곳이 없을 때 그곳으로부터 오르막이 시작됩니다. 가장 높이 날 수 있는 때는 가장 낮게 있을 때라고 합니다.

〈행운의 바퀴〉
크리스틴 드 피장

포르투나의 수레바퀴

인생은 롤러코스터 같다고 했지만, 옛 그리스 로마 사람들도 비슷한 생각을 했던 것 같습니다. 타로카드에 보면 '운명의 수레바퀴'라는 것이 있죠? 그것을 '포르투나의 수레바퀴'라고 합니다. 포르투나는 인간의 운명을 관장하는 신으로 수레바퀴를 굴립니다. 포르투나가 운명의 수레바퀴를 굴리면 가장 아랫부분이 윗부분이 되기도 하고 윗부분이 아랫부분이 되기도 합니다. 잘 나가던 사람이 한순간에 나락으로 떨어지기도 하고 보잘것없던 사람이 한순간에 팔자가 필 수도 있습니다. 그래서 힘들고 어려운 상황이 닥쳤을 때도 운명의 수레바퀴처럼 다시 위로 올라설 수 있는 기회가 있음을 믿고 견뎌내야 합니다.

미국의 소설가 중 존 케네디 툴John Kennedy Toole이라는 사람이 있습니다. 이 사람은 스스로를 뛰어난 소설가가 될 자질을 갖추고 있다고 여겼습니다. 그래서 열심히 소설을 써서 큰 기대를 안고 첫 작품을 대형 출판사에 투고했습니다. 하지만 기대와는 달리 퇴짜를 맞고 말았습니다. 이후 다른 출판사에도 투고를 했지만 줄줄이 거절당하고 맙니다. 크게 실망한 그는 술에 의지하게 되었고 결국 알코올 중독에 빠지게 됩니다. 자기가 쓴 소설이 인정을 받지 못하자 좌절하고 만 존 케네디 툴은 결국 자동차 배기가스를 마시고 스스로 목숨을 끊고 맙니다. 아들이 죽은 후 그의 어머니가 나서 출판사를 찾습니다. 결국 그의 책은 1980년에 《바보들의 결탁》이라는 제목으로 출간되었고 미국 남부문학의 걸작이라는 극찬을 받습니다. 게다가 퓰리처상을 받게 되고 150만 부 이상 팔리는 대성공을 거둡니다.

안타까운 이야기가 아닐 수 없습니다. 만일 그가 좌절을 이겨낼 수 있는 인내력을 발휘했다면 더 많은 명작들을 써낼 수 있었을 테니까요. 우리는 고귀한 작가 한 명을 잃은 셈입니다. 누구도 좌절을 겪고 싶지는 않겠지만 좌절을 이겨낼 수 있는 힘을 길러야 합니다. 힘들고 어려워 모든 것을 내려놓고 싶을 때마다 포르투나의 수레바퀴를 떠올려보세요. 조앤 롤링Joan Rowling이 현실의 어려움을 이겨내지 못하고 좌절 속에 빠져 허우적거리고 있었다면 우리는 '해리포터'라는 대작을 만나지 못했을 겁니다. 여러분이 지금 좌절에 빠져 있다면 성공으로 가는 문 앞에 서 있는 것이나 다를 바 없습니다. 힘을 내세요.

품질과 성과의 질

인내력이 부족하면 모든 일에 있어 품질이 떨어지고 성과가 더딜 수밖에 없습니다. 보고 싶은 책을 번역 과정 없이 원서로 보고 싶어 어학공부를 시작한다고 해보죠. 어학이라는 것이 하루아침에 결과를 얻을 수 있는 것이 아닙니다. 오랜 기간을 두고 꾸준히 노력해야만 좋은 결과를 얻을 수 있습니다. 게다가 어떤 언어를 배울 땐 반드시 그만두고 싶을 정도의 힘든 고비가 찾아옵니다.

독일어는 입문하기에는 쉬운 편이지만 뒤로 가면 갈수록 어려워집니다. 중국어는 사성으로 인해 고통스럽게 시작하지만 그 이후는 조금 편안해집니다. 이렇듯 모든 언어에는 반드시 고비가 찾아오지만 인내력이 부족하면 이 고비를 이겨내지 못하고 포기하고 맙니다. 중도에 포기한 사람은 자유자재로 원서를 읽거나 현지인들과 자유롭게 대화하고 싶다는 꿈을 이룰 수 없습니다. 겨우겨우 사전을 찾아가며 떠듬떠듬 읽을 수 있을 뿐입니다. 업무에 필요한 자료를 찾아 활용하고자 할 때, 자유자재로 원서를 읽을 수 있는 사람과 한숨을 푹푹 내쉬며 떠듬거리는 사람의 결과는 결코 같을 수 없습니다. 운동도 마찬가지입니다. 운동을 하려면 게으름이라는 고비를 넘어야 하는데 그 고비를 넘지 못해 매일 자신과의 싸움에서 지는 사람들이 많기 때문이죠. 결국 초콜릿 같은 식스팩은 상상에 그치고 맙니다.

직장에서 일을 할 때도 똑같습니다. 해결해야 할 문제가 있을 때 그 문제를 해결하기 위해서는 근본적인 원인을 깊이 있게 파고들어야 합니다. 하지만 인내력이 부족하면 표면적인 원인들만 찾아낼 수밖에 없고 그것만으로는 문제가 해결되지 못합니다. 화분에 난 잡초를 제거하려면 뿌리를 뽑아야 하는데 뿌리는 그대로 둔 채 줄기만 꺾는 셈이니까요. 품질을 높이고 성과를 더하고 싶거든 인내력을 발휘해야 합니다. 삶의 질을 높이고 싶다면 인내력에 더욱 신경을 써야 합니다.

자기절제,
자신에 대한 통제력

지름길의 유혹에 빠지지 않는다는 건 자기절제self-regulation가 뛰어나다는 것을 의미합니다. 자기절제란 해야 할 일이 있을 때 그 일을 끝까지 마칠 수 있도록 자기 자신을 적절히 제어하고 이끌어 나갈 수 있는 능력을 말합니다. 자기 자신에 대한 통제력이죠. 자신을 적절히 통제하지 못하는 사람은 힘들고 어려운 상황에서 쉽게 포기하고 물러날 수밖에 없지만 자신을 적절히 통제할 수 있는 힘을 가진 사람은 어렵고 힘든 상황에서도 쉽사리 포기하지 않습니다.

인내력이라는 것이 노력으로 길러질 수 있는 걸까요? 인내력을 기르려면 어떻게 해야 할까요? 인내력을 기르기 위해서는 정신역량을 높이는 훈련을 해야 합니다. 요즘 사람들은 대부분 물질문화에 깊이 물들어 있습니다. 각종 기기와 기술의 발달이 만들어내는 빠르고 편리한 세상에 길들여져 있습니다. 그러다 보니 깊이 있게 사고하고 자신이 원하는 것을 이루기 위해 온갖 고통을 이겨내는 정신적 힘을 잃어버린 듯합니다. 고난과 고통을 이겨내는 힘을 잃어버렸기에 역경을 극복할 수 있는 용기와 지혜도 잃어버리고 자그마한 일 앞에서도 쉽게 좌절해 버리고 포기해 버리고 맙니다. 따라서 이런 상황을 탈피하기 위해서는 정신역량을 높이는 훈련이 필요합니다.

〈The surge in Lacroma〉
칼 메디즈

구름 뒤에 태양이 있다는 것을 믿는 마음

인내력을 기르기 위해서는 희망을 잃지 않는 것이 필요합니다. 인내력을 발휘해야 하는 상황은 일반적으로 힘들거나 고통스러운 상황일 것입니다. 그런 상황에서 만약 미래는 좋아질 것이라는 희망이 없다면 굳이 지금 최선을 다하려는 노력을 하지 않을 것입니다. 비록 지금은 어렵고 힘들지만, 이 상황을 참고 견뎌내면 밝은 햇살이 비추는 날이 찾아올 것이라는 기대가 있어야 그 상황을 벗어나려는 노력을 하지 않을까요?

굳이 힘들고 어려운 상황이 아니어도 다르지 않습니다. 지금 당장은 힘들고 어렵지 않더라도 보다 나은 미래를 꿈꾸는 분이라면 당장의 쾌락이나 즐거움을 뒤로 미룰 줄 아는 인내가 필요합니다. 하지만 만일 미래에 대한 희망이 없다고 하면 굳이 당장의 즐거움과 쾌락을 미룰 이유가 없겠죠. 직업도 없는 사람들이 몇 시간씩 게임에 빠져 시간을 허비하는 이유도 바로 이 때문입니다. 희망이 없으니 절망적인 상황을 잊기 위해 게임에 몰입하는 거죠. 적어도 그 순간만큼은 현실의 고통에서 벗어날 수 있으니까요.

믿음을 가지세요. 미래는 좋아질 수 있다는 희망, 원하는 결과를 얻을 수 있을 것이라는 희망, 가지고 싶은 것을 손에 넣을 수 있다는 희망을 잃지 마세요. 그 희망이 강렬하면 강렬할수록 발휘할 수 있는 인내력도 커질 수 있습니다. 약한 희망은 인내력을 약하게 만듭니다. 강한 희망은 인내력을 강하게 만듭니다. 뒤집어보면 인내력이 강하면 강할수록 큰 목표를 달성할 수 있습니다. 어떤 상황에서도 미래에 일어날 일에 대한 희망을 놓지 마세요. 구름 뒤에는 항상 밝게 빛나는 태양이 있습니다.

인내력은 어떻게 기를 수 있을까?

기다림은 의식적인 노력이 필요

인내력을 기르기 위해서는 기다림이 기본입니다. 하지만 인내력을 단순하게 기다림과 같은 뜻이라고 생각해서는 안 됩니다. 인내는 '자의식'을 수반합니다. 즉 스스로 무언가를 할 수 있거나 반대로 할 수 없는 상황에서 참아야 한다는 자의식을 가집니다. 자의식이 약한 사람일수록 인내력을 발휘하는 것은 힘이 듭니다.

반면에 기다림은 참는다는 자의식 없이 견디는 것을 말합니다. 자연의 섭리대로 이루어지는 것이 기다림입니다. 무더운 여름을 참고 기다리면 가을이 옵니다. 헐벗고 추운 겨울을 참고 기다리면 따뜻한 봄이 옵니다. 어린아이는 시간이 지나면 어른이 됩니다. 이러한 자연의 섭리에는 자의식이 포함되어 있지 않습니다.

결국 내가 나의 의지를 인지하고 나의 뜻을 정하여 나아갈 바를 결정하는 것이 인내력이라고 할 수 있습니다. 좀 더 쉽게 말해서 의식적인 노력이라는 뜻이죠.

타인의 시선에 휘둘리지 않기

인내력을 높일 수 있도록 정신역량을 높이는 훈련 중 하나는 자신감과 자의식self-consciousness을 높이는 겁니다. 그중 하나가 '다른 사람이 나를 어떻게 볼까'에 대해 너무 지나치게 민감하게 받아들이지 않는 겁니다. 사람들은 다른 사람들과 사회적 관계를 이루며 사는 존재이기 때문에 다른 사람의 평판에 민감할 수밖에 없습니다. 하지만 다른 사람의 평판에 너무 예민해지다 보면 자신만의 사고와 판단을 하기 어렵습니다. 자신이 옳다고 생각하는 것을 끝까지 밀고 나갈 수 없게 되는 것이죠. '이건 내가 반드시 해야 하는 일이니까 죽이 되든 밥이 되든 끝까지 밀고 나가야 해'라고 생각하기보다는 '내가 이 일을 하면 다른 사람들이

나를 어떻게 볼까?' 하며 주위의 시선에 신경을 더 많이 쓰게 됩니다. 주위 사람들의 눈치를 보면서 자신의 의지를 쉽사리 꺾고 맙니다.

그런 일들이 반복되다 보면 자신감을 잃게 됩니다. 자신감을 잃은 일은 줏대 있게 밀고 나가기 어렵습니다. 그러니 스스로 하는 일에 자신감을 가져야 합니다. 누가 뭐라고 하든 자신이 옳다고 생각하는 일을 하고 있다면 주변의 시선 따위는 과감하게 무시하고 콧방귀 끼는 용기도 필요합니다. 누가 옳은지는 알 수 없습니다. 내가 하는 일에 안 될 거라며 손사래 치던 사람들도 내가 성공하는 모습을 보면 놀랄지 모릅니다. 아무리 나이 든 사람들의 경험이 중요하다고 해도 세상에는 그들이 경험하지 못한 부분도 많이 널려 있게 마련입니다.

그러니 높은 자의식과 자신감을 가지고 옳다고 생각하는 일은 뚝심 있게 밀어붙이세요. 자신의 인생은 자신의 것입니다. 다른 사람의 평판에 너무 휘둘리지 마세요.

〈블루 호스 1〉
프란츠 마크

지나치게 눈치 보지 않기

평판을 중요시하게 여기는 경향을 사회적 민감성이라고 할 수 있습니다. 사회적 민감성이 무엇일까요? 사람이 가지고 있는 기질 중 '사회적 직관social intuition'이라고도 할 수 있는데, 한마디로 말해 남의 눈치를 보는 정도라 할 수 있습니다. 사회적 평판이 사람을 죽이고 살릴 수도 있기 때문에 다른 사람의 눈치를 보지 않고 산다는 건 그리 쉬운 일이 아닙니다. 평판이 나쁜 사람들은 사회 집단에서 배척될 수 있고 그러면 생존에까지 영향을 줄 수 있으니까요. 그래서 어느 정도는 다른 사람들의 눈치를 볼 줄 알아야 하고 그들과 보조를 맞추며 살 줄 알아야 합니다.

눈치 없는 사람들과 만나면 무척 피곤하죠. 한 대 쥐어박고 싶을 때도 있습니다. 그러니 눈치는 다른 사람들과 원만하게 어울려 살아가는 데 중요한 요소가 됩니다. 문제는 지나치게 눈치를 보는 데 있습니다. 사회적 민감성은 칭찬이나 인정, 친밀감, 사랑받는 느낌 등과도 관련되어 있는데요, 이러한 사회적 보상을 받기 위해 다른 사람의 마음에 드는 행동을 하고 상대가 기분이 좋아지는 것을 보면서 만족감을 느끼는 특성이 있습니다. 다른 사람의 눈치를 보며 그 사람이 좋아할 만한 말이나 행동을 함으로써 그 사람의 기분을 좋게 만들어주고 그것을 통해 자신이 사회적 보상을 받는 거죠.

이런 사람들은 지나치게 남의 눈치를 보기 때문에 무언가를 하고 싶어도 다른 사람들이 싫어하는 눈치를 보이면 그것을 자신있게 밀고 나가지 못합니다. 자신의 목에 줄을 걸어 다른 사람에게 넘겨주는 꼴이죠. 힘들고 어려운 상황에 닥치게 되면 스스로 사고하고 의사결정을 내리기보다는 주변 사람들의 눈치를 봅니다. 팔랑귀처럼 주변 사람들의 말에 휘둘려 자신의 생각을 쉽사리 바꾸거나 포기하게 됩니다. 인내력을 발휘하고 말고 할 것도 없죠.

하기 싫은 일을 거절할 줄 아는 용기도 필요합니다. 다른 사람의 감정을 건드리지 않기 위해서 거절을 두려워하는 사람들도 많은데 거절하지 못하는 습관은 남의 눈치를 보게 만듭니다. 역으로 거절에도 당당해져야 합니다.

정리정돈과 통제력

재미있게도 물리적인 공간을 정리정돈하는 것도 정신역량에 영향을 미친다고 합니다. 하버드 대학의 보윤 그레이스 채Boyoun Grace Chae 교수 등은 100여 명의 대학생을 모집한 후, 잘 정리된 공간과 그렇지 않고 잡다한 물건들이 널브러진 지저분한 공간 두 곳에 나누어 배치하였습니다. 그리고 복잡한 도형을 펜으로 따라 그리도록 했습니다. 그 작업은 무척 어려운 일이었는데 도중에 지나온 선을 다시 돌아갈 수도 없고, 종이에서 펜을 떼서도 안 되는 것이었습니다. 처음부터 이 과제는 수행이 불가능한 것이었습니다.

결과를 보면 재밌습니다. 깔끔하게 정리 정돈된 공간에서 도형을 따라 그린 학생들은 평균적으로 1,117초, 약 19분 정도 만에 포기 의사를 밝혔습니다. 반면에 지저분한 공간에서 도형을 따라 그린 학생들은 평균 669초, 즉 11분 정도가 지나자, 모두 포기하고 말았습니다. 다른 유사한 실험에서도 비슷한 결과가 나왔다고 합니다. 이에 대한 실험을 주도한 보윤 그레이스 채 교수는 지저분한 공간이 학생들 자신에 대한 위협으로 작용함으로써 스스로에 대한 통제력을 잃게 만든 것이라 설명합니다. 지저분한 물리적 공간이 주는 위협이 개인의 정신적 역량을 약화시켰고 자기절제가 안 되도록 만들었다는 것이죠.

그러므로 인내력을 발휘할 수 있는 정신역량을 높이려면 자신의 주변을 깨끗하게 정리정돈하는 것도 필요할 것 같습니다. 따지고 보면 미니멀리즘이라고 하는 것도 그런 것 아닌가 합니다. 가진 것이 적을수록 신경 써야 하는 것들이 줄어들면서 정신역량의 분산을 막을 수 있고 그 결과 삶이 편안하게 느껴질 테니까요.

강한 육체와
강한 인내력

그러나 인내력에도 한계가 있습니다. 인내력은 정신적 에너지의 소모를 동반합니다. 정신력은 무한한 것 같지만 정신력도 당연히 고갈됩니다. 마치 육체적인 에너지를 소모하면 피로해지는 것과 마찬가지입니다. 생각해 보세요. 평소에는 화를 잘 내지 않던 사람이 한 번 화가 나면 무서워지는 것을 보신 적이 있으신가요? 그건 화를 참을 만큼 참았지만, 더 이상 참을 수 없어 자제력이 바닥났기 때문입니다.

인내력도 마찬가지입니다. 무언가 원하는 것을 이루기 위해 인내력을 발휘하다 보면 인내력에 한계를 느낄 때가 오는데 이를 '자아 소모'라고 합니다. 미국 케이스 웨스턴 리저브대학의 로이 바우마이스터Roy F. Baumeister 교수는 실험 참가자들을 모집한 후, 이들을 두 그룹으로 나누고 6분간 코미디를 보여주고 악력을 측정하는 실험을 했습니다. 첫 번째 그룹은 코미디를 보고 마음껏 웃게 했습니다. 반면에 두 번째 그룹은 코미디를 봐도 웃지 말고 꾹 참으라고 했습니다. 인내심을 발휘하도록 한 것이죠. 그리고 나서 악력을 측정하자, 두 번째 그룹은 첫 번째 그룹에 비해 악력기를 쥐고 있는 시간이 20%나 짧았습니다. 바우마이스터 교수는 여기에서 한발 더 나아가 웃음을 참도록 한 것은 물론이고 눈앞에 놓인 초콜릿을 먹지 말고 꾹 참도록 했습니다. 그러자 악력기를 누르는 시간은 더욱 짧아졌다고 합니다.

결국 정신적 에너지를 소모하게 되면 자제력이 떨어지게 되는데, 그러므로 인내력을 발휘할 때는 그러한 것도 염두에 두어야만 합니다. 지치지 않게 하는 것이 중요하죠. 이럴 때 긴급하게 처방할 수 있는 방법이 있습니다. 에너지를 보충해 주는 겁니다. 뇌 안에 혈당이 낮으면 쉽게 짜증이 나고 지칠 수 있습니다. 하지만 에너지를 보충하면 다시 자제력이 높아질 수 있습니다. 그러므로 인내력을 충분히 발휘하려면 체력적으로도 건강해야 할 필요가 있습니다. 몸이 약하면 만사가 귀찮아지고 쉽사리 포기하게 되는 경험이 누구나 있으실 겁니다.

〈운동선수〉
괴스타폰 헤니히스

작은 만족 물리치기

현재의 삶에서 만족을 느낄 수 있게 해주는 각종 유혹들이 있습니다. 이러한 것들은 인내력을 기르는 데 방해가 될 수 있습니다. 인내력을 기르기 위해서는 미래의 큰 성취를 위해 현재의 작은 성취나 욕구를 뒤로 미룰 줄 아는 힘을 길러야 합니다. 이를 만족지연이라고 합니다. 그 대표적인 사례가 바로 마시멜로 실험이 아닐까 합니다. 당장 눈앞의 달콤한 유혹을 떨쳐낸 아이들이 20년이 지나 성인이 된 후에도 유혹을 떨쳐내지 못했던 아이들에 비해 성공적인 삶을 살고 있었다는 이야기는 시사하는 바가 큽니다. 인내력이 성공한 삶을 사는 데 충분조건은 아니지만, 성공하기 위해서는 인내력이 필요조건이 될 수밖에 없다는 거죠.

이는 단칼에 길러질 수 있는 힘이 아닙니다. 조금씩 훈련을 통해 길러져야 합니다. 눈앞에 놓인 만족을 물리치는 훈련을 해보세요. 맛있는 치킨을 먹고 싶을 때 하루나 이틀 정도 참아보세요. 멋진 옷이나 명품가방이 있을 때 지름신의 유혹을 이겨내고 구매를 미뤄보세요. 친구를 만나 술 한 잔 하고 싶을 때 그 자리를 거절해 보세요. 피곤하고 지쳐서 바로 자리에 눕고 싶을 때 책을 열 쪽만 읽어보세요. 만족지연을 거듭하다 보면 기다린 후에 원하는 것을 얻을 때의 쾌감이 높아질 수 있습니다. 그리고 이는 습관으로 이어질 수 있고 인내력을 높여줄 수 있습니다. 내면의 욕구를 즉시즉시 만족시키지 말고 참아보세요. 그에 비례하여 삶의 질이 좋아질 수 있습니다.

낙관적이고 긍정적인 삶의 자세

낙관적이고 긍정적인 삶의 자세를 갖는 것이 중요합니다. 이는 회복탄력성과도 연관되어 있습니다. 비관적이거나 부정적인 태도를 가진 사람들은 작은 일 앞에서도 쉽게 무너집니다. 세상에 힘들이지 않고 할 수 있는 일은 아무것도 없습니다. 모든 일에는 장애가 있기 마련이죠. 하지만 부정적이거나 비관적인 태도가 몸에 밴 사람들은 사소한 장애도 크게 부풀려 봅니다. 충분히 극복해 낼 수 있는 장애임에도 불구하고 비관적이거나 부정적인 사람에게는 그것이 한없이 크게 보여 지레 겁을 먹고 포기하거나 물러나게 만듭니다.

낙관적이거나 긍정적인 태도를 가진 사람들은 이와 반대입니다. 감당하기 벅찬 장애물도 별 것 아닌 것처럼 받아들입니다. 위기에 닥치거나 장애물을 만나면 오히려 의욕이 솟구칩니다. 긍정적인 사람은 매사에 될 수 있는 방법을 찾지만, 부정적인 사람은 매사에 안 될 구실을 찾죠. 오래전에 직장동료와 함께 설악산으로 야간산행을 떠난 적이 있습니다. 밤새 산을 오르다 새벽 나절에 최대 고비인 '깔딱고개'에 이르게 되었습니다. 모두들 지친 상태에서 여길 어떻게 올라가나 걱정하고 있을 때, 그 동료가 이렇게 말하더군요. '이제야 의욕이 샘솟네. 산 탈 맛 나는구먼.' 그러면서 그 동료는 성큼성큼 오르막길을 걸어 올라가더군요. 그 동료가 그리 산을 잘 타는 사람도 아니었습니다. 하지만 눈앞에 닥친 어려움 앞에서 실망하고 좌절하기보다는 오히려 그 상황을 도전하기에 좋은 상황이라고 긍정적으로 받아들였던 거죠. '이 고개를 어떻게 넘나?'하고 비관적으로 생각하며 산을 오르는 것과 '드디어 내 능력을 보여줄 수 있는 기회가 왔구나'하고 긍정적으로 생각하며 산을 오르는 것은 전적으로 다를 겁니다.

성공의 달콤한 열매를 누리는 모습 상상하기

심상훈련은 인내력을 키우는 데 큰 힘을 발휘합니다. 달콤한 열매를 수확하는 기쁨의 순간을 떠올려보세요. 힘들고 어려운 일을 끝마치고 시원한 맥주 한 잔 들이켜는 순간, 허리띠 졸라매고 부은 적금을 찾아 꿈에 그리던 집으로 이사하는 행복한 순간, 유창한 외국어로 해외여행에서 각국에서 온 친구들과 자유롭게 이야기를 나누는 순간, 원하던 책이 출판되어 교보문고의 베스트셀러 코너에 전시되는 순간, 혹독한 다이어트에 성공하여 77사이즈 옷을 버리고 55사이즈 옷을 입은 날씬한 모습 등 당장의 힘든 시간을 견뎌냈을 때 얻을 수 있는 결과물들을 떠올려 보는 거죠.

저는 책 쓰기 코칭을 합니다. 자신의 책을 내고 싶어 하는 분들을 대상으로 주제 선정에서부터 투고까지 전 과정을 밀착 지도하는 일이죠. 그런데 책을 쓰는 일이 만만치 않다 보니 중간에 힘들어 하는 분들이 많습니다. 어떤 분들은 고비를 넘기지 못하고 포기하기도 합니다. 그런 기미가 보일 때마다 제가 하는 일이 있습니다. 책을 내고 난 후의 모습을 눈을 감고 상상해 보라고 하는 거죠. 서점에 자신의 책이 깔려 있는 모습, 교보문고의 베스트셀러 코너에 자신의 책이 꽂혀 있는 모습, 사람들 앞에서 강연하는 모습, TV나 라디오 방송에 출연하는 모습 등 책을 쓰고 나서 성공의 결과로 따라오는 모습들을요. 그러면 힘들어 포기하려던 사람들도 다시 마음을 추스르고 계속하게 됩니다.

힘든 고비를 넘기지 못하고 포기하면 아무것도 얻는 게 없지만 끝까지 완주하게 되면 방송이나 강연은 못하더라도 적어도 책이라는 결과물은 손에 쥘 수 있으니까요. 부족한 건 또 다음에 도전하면 됩니다. 그만두고 싶을 정도로 힘들고 지칠 때 누구도 그 마음을 달래 줄 수 없습니다. 그럴 때는 지금 하고 있는 일이 성공했을 때의 즐거운 모습을 떠올려 보세요. 포기하고 싶을 정도로 힘든 상황에서는 그런 모습을 그려 보는 것이 마치 사막에서 만난 오아시스처럼 희망을 줄 수 있습니다. 가장 매력적인 건 그런 상상에는 돈이 안 든다는 거죠.

〈건배〉
빈센조 이롤리

인내력 발휘 주간

의도적으로 인내력 발휘 주간을 설정해 보는 건 어떨까요? 즉 편리함과 빨리빨리 문화를 의도적으로 멀리하고 불편함과 고통 속에서 지내는 시간을 만들어 보는 겁니다. 요즘 사람들은 스마트폰 없이는 견딜 수 없으므로 일부러 그러한 기기의 사용을 최대한 절제하며 사는 시간을 가져보는 것이죠. 예를 들어 일주일 동안 스마트폰은 하루에 한 시간만 사용하기, 담배를 피는 사람이라면 일주일만 담배를 피우지 말기, 술을 좋아하는 사람이라면 일주일 동안 술을 마시지 않기, 게임을 좋아하는 사람이라면 일주일 동안 게임을 하지 않기 등. 늘 부정적인 사람이라면 부정적인 생각을 하지 않거나 말을 거칠게 하는 사람이라면 말을 부드럽게 하는 등 평소 자신이 하던 행동을 의도적으로 제어함으로써 자신의 자기절제 능력을 끌어올려 보는 겁니다.

저는 신경성이 높은 성향을 가지고 있었던 사람입니다. 특별히 잘못되는 일이 없음에도 불구하고 늘 걱정이 많고 주변 환경에 대한 불만, 주위 사람들에 대한 불만이 많았던 사람이죠. 무언가 뜻대로 되지 않으면 늘 주위에서 탓할 거리를 찾곤 했습니다. 이러한 잘못된 마음가짐을 고치기 위해 이런 훈련을 했습니다. 우선 일주일간 부정적인 마음가짐을 가지지 않겠다고 생각한 후 노트를 한 권 준비합니다. 그리고 하루가 지날 때마다 그날 내가 부정적인 생각을 했는지 안 했는지 기록을 합니다. 만일 부정적인 생각을 하면 그 순간에 다시 리셋을 합니다. 처음으로 돌아가 일주일 동안 부정적인 생각을 하지 않기를 다시 시작하는 거죠.

습관이라는 것이 참 무섭기 때문에 쉽게 고칠 수가 없습니다. 손바닥만 한 식물의 뿌리를 캐 보세요. 얼마나 큰 뿌리가 나오는지. 습관이라는 것이 그런 겁니다. 처음에는 시작한 그날부터 저 자신도 모르게 부정적인 생각이 떠오릅니다. 그러면 그 내용을 노트에 적고 처음부터 다시 시작하는 거죠. 그렇게 하다 보면 일주일 동안 부정적인 생각을 하지 않고 지낼 수 있게 됩니다. 물론 여러 차례 실패하고 재시도를 반복해야만 하죠. 만일 일주일 동안 부정적인 생각을 떠올리지 않는 데 성공하면 그다음에는 그 기간을 열흘로 늘립니다. 열흘 동안 부정적인 생각을 떠올리지 않았다면 다시 그 기간을 보름으로 늘립니다. 만일 도중에 실패하면 다시 처음으로 돌아가는 거죠. 그렇게 하다 보니 지금은 부정적인 생각을 떠올리는 일이 많이 사라졌습니다. 부정적인 생각이라는 것이 워낙 뿌리가 깊은 것이기 때문에 그리 쉽사리 머릿속에서 내몰 수는 없습니다. 하지만 이러한 노력을 하다 보면 자기절제가 늘어나게 되고 인내할 수 있는 정신역량도 높아질 수 있습니다.

편안하고 안락한 환경 속에서는 인내력이 길러지기 어렵습니다. 굳이 참고 버텨내야 할 이유가 없으니까요. 편안하고 안락한 환경에서 벗어나 자신을 의도적으로 어려운 환경 속에 몰아넣으면 비록 큰 변화가 아닐지라도 인내력을 기를 수 있습니다. 무엇이든 하나의 주제를 정해 정신역량을 높일 수 있는 훈련을 시작해 보세요.

정신과 육체, 정서를
최적의 상태로 유지하기

인내력은 정신역량이지만 무언가를 도중에 포기하지 않고 끝까지 밀고 나가기 위해서는 정신역량이 고갈되지 않도록 관리해줘야 합니다. 《미라클 모닝》으로 전 세계적인 베스트셀러 작가가 된 할 엘로드Hal Elrod는 교통사고로 인해 대퇴골이 반으로 부서지고 골반이 세 조각 난 몸으로 혼수상태에서 깨어났습니다. 그럼에도 불구하고 3주 만에 첫걸음을 내디뎠고 한 달 후에 퇴원했습니다. 그는 삶에서 최적의 결과를 만들어 내기 위해서는 정신과 육체, 정서를 가능한 한 최상의 상태로 만들어야 한다고 합니다.

우선은 체력관리에 신경을 쓰세요. 손가락 하나 꼼짝하기 싫을 정도로 지쳤을 때를 생각해 보세요. 뭔가 하고 싶은 생각이 들던가요? 몸이 지치면 의지도 낮아질 수밖에 없습니다. 아무리 강철 같은 멘탈을 지녔다고 해도 쉽사리 지치고 피로해지는 몸으로는 무언가를 끝까지 밀고 나가기 어렵습니다. 강한 정신력만큼 강한 육체도 필요합니다. 그러니 꾸준히 체력관리를 해야 합니다. 매일 같은 시간에 운동을 하는 것이 제일 좋지만 정 시간이 없어 운동을 할 수 없다면 일터나 출퇴근길을 이용해서라도 운동을 하세요. 전철 안에서 가만 서 있지 말고 전철의 끝에서 끝까지 오고 가세요. 걷는 것만으로도 충분히 운동이 될 수 있습니다. 여건이 허락된다면 직장이나 일터에서도 쉬는 틈틈이 산책을 많이 하세요.

햇볕을 많이 쬐는 것도 좋습니다. 햇빛이 부족하면 세로토닌 분비가 저하되어 울적한 기분이 들 수도 있습니다. 가을이 되면 많은 사람들이 시름시름 앓는 이유 중 하나도 일조량 부족 때문입니다. 세로토닌이 부족하면 명랑하고 쾌활한 기분을 유지하기 어렵고 생기를 잃을 수 있습니다. 전전두엽이라는 이마앞쪽에 있는 두뇌부위는 상황판단이나 논리적 판단, 추리력, 해결책 마련 등 고도의 인지기능을 수행하는 부위이자 인내력을 발휘할 수 있게 만들어주는 중추이기도 합니다. 세로토닌이 저하되면 이 부위도 영향을 받아 집중력을 발휘하기 어렵거나 감정조절, 유연한 사고, 복잡한 문제해결을 위한 이성적이고 논리적인 판단 등에 지장을 받습니다.

스트레스와 피로가 쌓이지 못하게 하는 것도 중요합니다. 스트레스는 정신역량을 쉽게 고갈시킵니다. 스트레스 수용성이 높은 사람과 스트레스 수용성이 낮은 사람은 인내력에 있어 큰 차이가 나타납니다. 가장 좋은 것은 스트레스가 쌓였을 때 즉시즉시 해소하는 겁니다. 사람에 따라서는 꾹꾹 눌러 참음으로써 스트레스를 다스리는 사람이 있는데 이런 사람들의 인내력은 다른 사람들보다 약할 수밖에 없습니다. 큰일을 뚝심 있게 밀고 나가는 데 취약하게 되죠. 단기 스트레스가 만성 스트레스로 되지 않게 관리하는 것도 필요합니다. 만성 스트레스는 장기판에서 차 포 떼고 경기하는 것이나 마찬가지 상황을 만들어내니까요. 피로가 쌓이지 않게 하기 위해서는 잠을 잘 자는 것도 중요합니다. 잠은 단순히 육체적인 피로를 회복하는 수단만이 아니라, 뇌의 기능에도 큰 영향을 미칩니다. 따라서 잠을 못 자면 육체적 피로뿐만 아니라 정신기능이 저하됩니다. 인내력이 쉽사리 고갈될 것임은 명확합니다. 미라클 모닝을 실천하는 분들을 존경하기도 하고 노력에 갈채를 보내지만 그로 인해 잠이 부족해지지 않도록 주의를 기울여야 합니다.

두뇌에 영양을 공급할 수 있는 좋은 음식들을 섭취하는 데도 소홀히 하지 마세요. 뇌에 더 많은 영양분을 공급할 수 있는 음식을 찾아 드세요. 정신건강을 위해서는 명상을 하는 것도 좋습니다. 명상은 사람이 살아가는 데 있어 만병통치와 같은 약인 듯합니다. 집중력을 높여주고 스트레스 해소나 우울증 치료에도 탁월한 효과가 있습니다. 명상은 두뇌의 활용방식을 근본적으로 바꾸어 줍니다. 두뇌활용 방식이 잘못되면 결과도 잘못될 수 있으므로 이를 개선하면 긍정적 효과를 기대할 수 있습니다. 이러한 명상이 인내력을 높이는 데도 힘을 발휘합니다. 한 실험에 따르면 명상을 한 그룹이 명상을 하지 않은 그룹에 비해 인내력이 8배 가까이 향상되었다고 합니다. 내가 다소 인내력이 부족하다고 생각하는 분들은 명상을 해보시는 것도 좋을 듯합니다.

〈시에스타(밀렛 이후)〉
빈센트 반 고흐

제2장.

절박함

절박함이란 무엇인가?

달아나는 초식동물과 잡으려는 사자

아프리카의 세렝게티 초원을 떠올려 볼까요? 드넓은 초원을 초식동물들이 한가롭게 풀을 뜯으며 노닐고 있습니다. 갑자기 어디선가 사자 한 마리가 무섭게 질주해 옵니다. 놀란 초식동물들이 살아남기 위해 달아나기 시작합니다. 지금 이 순간, 이 초원은 절박함으로 가득 차 있습니다. 그렇다면 초식동물과 사자 중 누가 더 절박할까요? 초식동물 중 누구도 사자에게 잡아먹히고 싶은 개체는 없을 겁니다. 잡히면 죽기 때문에 살기 위해 온 힘을 다해 뜁니다. 그들에게는 생존이 절박한 문제입니다.

그렇다면 사자는 절박하지 않을까요? 사자 역시 절박합니다. 초식동물을 잡지 못하면 그날은 꼬박 굶어야만 합니다. 자신만

굶는 게 아니라 딸려 있는 많은 식구들까지 쫄쫄 굶어야만 합니다. 자신의 네 발에 식구들의 목숨이 걸려 있습니다. 사냥에 실패하면 언제 다시 먹이를 잡을 수 있을지 모르니 사자들도 살아남기 위해 절박합니다. 그러기에 사자 역시 죽을힘을 다해 뜁니다. 초식동물을 잡지 못하면 살아남지 못한다는 마음, 사자에게 잡히면 목숨을 부지하기 어렵겠다는 마음, 그들이 가지고 있는 마음이 바로 절박함입니다. 여러분 마음속에는 자신이 하는 일에 대한 절박함이 있으신가요?

실행이라는 총의 방아쇠를 당기는 힘

성공한 사람들은 대부분 뛰어난 실행력을 갖춘 사람들입니다. 머릿속으로 공허한 생각만 하지 않고 떠오른 생각들을 바로바로 실천에 옮깁니다. '미친 실행력'을 갖추게 되는 거죠. 절박함을 가지게 되면 행동으로 옮기려는 노력도 늘어나게 됩니다. '내가 이걸 하지 않으면 살아남을 수 없다', '내가 이걸 해야만 이 고비를 넘길 수 있다'라는 마음이 드는데 그걸 어떻게 행동으로 옮기지 않을 수 있겠습니까? 그걸 하지 않아도 별로 아쉬운 것이 없고 크게 손해 볼 것이 없으니, 행동으로 옮길 필요가 없는 것이죠.

톨스토이의 단편집《사람은 무엇으로 사는가》중 '캅카스의 포로'에 등장하는 주인공 질린이 헤아릴 수 없는 역경을 이겨내고 살아 돌아올 수 있었던 것도 어떻게 해서든 살아 돌아가겠다는 강한 의지가 있었기 때문입니다. 그렇게 보면, 실행력이 부족한 사람들은 절박함이 부족한 사람들이라고 할 수 있습니다. '나는 절박한데도 실행력이 부족하다'라고 생각하는 사람들은 아직도 절박하지 않은 사람들입니다. 진실로 절박한 사람이 실행하지 않을 리 없기 때문입니다.

'간절히 원하면 이루어진다'라는 말이 있습니다. 그저 간절히 원하기만 한다고 이루어질 수 있을까요? '끌어당김의 법칙'이 생각만으로 될 수 있을까요? 사람은 간절히 원할수록 그것을 이루기 위한 행동에 가까이 갈 수 있습니다. 누군가 아주 간절히 차를 갖고 싶다고 생각한다면, 한 푼이라도 아껴 쓰면서 꾸준히 돈을 모으게 되겠죠. 그러다 보면 차를 살 수 있는 기회의 문들이 열리기 시작할 겁니다. 그저 가만히 앉아서 아무것도 하지 않고 생각만 한다고 해서 이룰 수 있는 일은 아무것도 없습니다. 정신적 에너지만 고갈되고 감정적으로 지치며 좌절만 깊어질 뿐입니다. 절박함은 실행이라는 총의 방아쇠를 당기는 힘이 됩니다. 트리거 포인트라고 하죠. 행동을 촉발시키고 그러한 행동들이 모여서 끌어당김의 법칙을 만들어 냅니다. 그러니 하고 싶은 일이 있다면 우선 절박한 마음가짐부터 가져야 합니다.

'궁'의 경지를 벗어나게 만들어주는 문

궁즉통窮卽通이라는 말이 있습니다. 곤궁하면 통한다는 말이죠. 주역에 나온 말로 원래는 궁즉변 변즉통 통즉구窮則變 變則通 通則久인데 줄여서 궁즉통이라고 하는 것 같습니다. 풀이하자면 무언가 곤궁窮한 상태가 되면 변變하고, 변하면 통通하며, 통하면 오래간다久는 의미입니다. 여기에서 궁은 도저히 앞이 보이지 않는, 사방이 꽉 막혀 답답한 상황이며 통은 새로운 국면으로 길이 열리는 단계를 말합니다.

회사 일도 그렇고 개인적인 일도 그렇고 무언가 성취를 이루는 데 있어서 창의력은 무척 중요한 요소입니다. 창의적 아이디어 하나로 힘겨운 상황을 딛고 일어나 세계적인 기업이 되거나 훌륭한 업적을 이룬 인물들이 많습니다. 창의적인 아이디어는 변화를 나타내는 것이라 할 수 있죠. '하늘이 무너져도 솟아날 구멍이 있다'라는 말이나 '호랑이에게 물려가도 정신만 바짝 차리면 산다'라는 말이나 다 같은 맥락이라고 할 수 있습니다.

운명을 믿는지 안 믿는지는 모르겠지만 사람의 운명은 그리 모질지 않습니다. 누구에게나 빠져나갈 구멍 하나 없이 모든 문이 닫히는 경우는 없습니다. 하나의 문이 닫히면 또 다른 문이 열리기 마련입니다. 하지만 절박함이 있어야 그 문을 볼 수 있게 됩니다. 절박함이 있어야 '궁'의 경지를 벗어나기 위해 변화하려고 노력하고 변화하다 보면 통할 수 있는 길을 찾게 되는 것이죠. 그저 가만히 있어도 문이 열리는 건 아닙니다. 절박함은 변화를 이끌어낼 수 있고 그 변화는 새로운 길로 안내하는 문을 열어줄 수 있습니다. 무슨 일을 하든 대충대충 하다가 안 된다고 포기하지 말고 죽을 것 같은 절박한 심정으로 매달려 보세요. 상사의 업무 지시 하나도 그런 심정으로 대해 보세요. 시간이 지나면 그렇지 않은 사람에 비해 훨씬 앞서 있는 자기 자신을 발견할 수 있게 될 겁니다.

〈인테리어〉
앙리 르시다네르

부자가 되는 비법

코로나로 인해 기업의 경영환경이 어려워지고 직장을 잃는 사람들이 많아지면서 미래에 대한 두려움을 느끼는 사람들이 많아지는 듯합니다. 미래에 대한 두려움이야 늘 안고 있는 숙제 같은 것이지만 모든 것이 이전과 달라질 것이라 예상되는 '뉴 노멀new normal' 시대에서는 과거와는 비교할 수 없이 큰 불안이 찾아 드는 것 같습니다. 그래서인지 많은 사람들 사이에서 한시라도 빨리 돈을 모으기 위해 공부를 하는 것이 열풍처럼 번지고 있습니다. 특히 젊은 사람들의 관심이 높아진 듯하더군요. 비록 동기는 가슴 아프지만 경제에 대한 관념을 가지고 자산을 늘려 나가는 행동은 바람직한 현상이라고 보입니다.

부자가 되는데도 절박함이 필요합니다. 이런 이야기가 있습니다. 옛날에 한 젊은이가 부자가 되고 싶어 자린고비를 찾아갔다고 합니다. 부자가 되는 비법을 알려달라고 자린고비에게 요청하자, 자린고비는 그 젊은이를 절벽에 있는 나무로 데려가 매달리라고 했답니다. 젊은이가 시키는 대로 나무에 매달리자, 자린고비가 한 손을 놓으라고 말을 합니다. 젊은이는 한 손을 놓고 다른 한 손으로만 매달렸습니다. 이번에는 자린고비가 남은 한 손도 놓으라고 합니다. 그러자 젊은이가 그러면 자기는 떨어져 죽는다며 울상을 지었습니다. 다시 안전한 자리로 돌아온 젊은이를 향해 자린고비는 이렇게 말을 합니다. '돈이 생기면 나무에 매달렸던 것처럼 손을 꽉 움켜쥐고 절대로 놓지 말게. 놓으면 죽는다는 생각으로 말이야'. 그 말을 마치고 자린고비는 자리를 떠납니다. 결국은 부를 축적할 때도 절박한 심정을 가지고 해야 한다는 말이겠죠.

해피엔딩으로 가는 험난한 길을 이겨내도록 만드는 힘

"저는 전쟁 중 낙하산 공수부대원으로 활동하다가 부상을 당했습니다. 허리와 무릎에 손상이 있어서 제대로 걸을 수 없었습니다. 이후로 15년 동안 지팡이를 짚어야 걸을 수 있었고 달리는 것은 불가능했습니다. 그래서 엄청나게 살이 쪘죠. 운동요법을 받기 위해 갔던 수많은 센터에서는 절 받아주지 않았습니다. 한 사람은 포기하는 게 좋겠다고 충고하더군요. 하지만 제가 마지막으로 만난 운동치료 담당 선생님은 생각이 달랐습니다. 저는 그분을 믿었고 그분도 절 믿었습니다. 아무도 믿지 않았을 때 우리는 기적을 꿈꿨습니다. 그리고 저는 6개월 동안 45kg을 뺐습니다. 그리고 지금은 거리를 달릴 수 있습니다."

이 글을 쓴 사람이 누구인지는 모르겠습니다. 인터넷에서 우연히 발견한 글인데 모두가 불가능하다고 포기하는 상황에서도 좌절하지 않고 결국 혼자서 달리겠다는 꿈을 이뤄냈다고 합니다. 그야말로 인간승리라고나 할까요? 생각해 보면 결과는 해피엔딩이지만 그 해피엔딩에 이를 때까지의 과정은 무척이나 혹독했을 것으로 생각됩니다. 웬만한 사람이라면 일찌감치 포기했을지도 모릅니다. 하지만 글의 주인공은 끝까지 포기하지 않았고 결국 기적을 만들어냈습니다. 그를 그 힘든 고통을 이겨내고 마침내 달리게 만든 힘은 무엇일까요? 그건 바로 절박함일 겁니다. 이대로 주저앉으면 인생이 끝날 수도 있다는 절박함, 장애인으로 평생을 살 수도 있다는 절박감, 불어나는 체중으로 인해 더 많은 질병에 시달리다 비참하게 생을 마감할 수도 있다는 절박감이 그에게 지치지 않는 열정을 심어주었고 뼈를 깎는 힘든 과정을 이겨내고 우뚝 서게 만든 것 아닐까 싶습니다.

적극적인 태도와 소극적인 태도

사람의 태도를 보면 그 사람이 절박한지 아닌지 알 수 있습니다. 절박한 사람은 적극적이고 능동적입니다. 절박하지 않은 사람은 소극적이고 수동적입니다. 절박한 사람은 문제가 생겼을 때 그 문제를 스스로 해결하려고 노력합니다. 스스로 해결할 수 없는 문제라면 주위 사람들의 도움을 받아서라도 해결하려고 합니다. 절박하지 않은 사람들은 문제가 생겼을 때 그 문제를 미루거나 방치합니다. 누군가 그 문제를 해결해 주길 기다립니다. 절박한 사람은 일의 진행상황을 계속 점검하고 계획대로 되지 않을 경우 그 원인을 찾으려고 합니다. 원인을 찾아 그것을 제거함으로써 계획한 일을 어떻게 해서든 이루려고 합니다. 절박하지 않은 사람들은 진행상황을 점검하지 않습니다. 일이 계획한 대로 진행되지 않아도 원인을 찾으려 하지 않고 적극적으로 대책을 찾으려고 하지도 않습니다.

직장에서 절박한 마음가짐으로 일을 하는 사람들은 자신이 기안한 일이 제대로 돌아가고 있는지, 성과는 나고 있는지 관심을 가지고 들여다보며 제대로 되고 있지 않을 경우 바로잡기 위해 노력할 겁니다. 절박하지 않은 사람은 기안한 일이 잘 되든 말든 별 관심이 없습니다. 누가 더 좋은 결과를 얻을지는 굳이 들여다보지 않아도 알 수 있습니다. 절박한 사람은 절박하지 않은 사람에 비해 훨씬 큰 성과를 이루어 낼 수 있습니다. 일을 대하는 태도와 자세가 달라지게 만드니까요.

아킬레스의 건과 터널비전

절박함은 항상 좋은 결과만 가져올까요? 절대 그렇지 않습니다. 절박함이 지나치다 보면 사리분별이 흐려질 수 있습니다. 절박한 상황에 처한다는 것은, 과학적으로 얘기하자면 스트레스 상황에 놓이게 되는 것일 수 있습니다. 스트레스 상황에 놓이게 되면 두뇌는 스트레스 상황을 이겨낼 수 있는 준비를 하는 데 에너지를 쓰도록 만듭니다. 그 에너지는 감정의 뇌로 흘러 들어갑니다. 그렇게 되면 이성적이고 합리적인 사고, 논리적이고 추론적인 사고, 계획과 통제를 담당하고 있는 전전두엽의 기능이 저하됩니다. 사고의 뇌가 멈춘다는 뜻이죠.

이럴 때 누군가 그럴싸한 말로 접근을 해 오면 이성적이거나 논리적으로 사고하지 못하고 잘못된 판단을 내릴 수 있습니다. 힘들게 번 퇴직금을 탈탈 털어 주식이나 사업에 투자했다가 쪽박을 차거나, 높은 이자를 준다는 말에 속아 큰돈을 빌려줬다가 떼이거나, 해서는 안 될 범죄행위에 연루될 수도 있습니다. 보이스피싱도 절박한 심정을 이용하는 것 아닌가요? 자식이 다쳐서 병원에 실려 갔다는데 태연할 부모가 세상천지에 어디 있겠습니까? 절박감이 온몸을 감싸다 보니 사고의 뇌가 주도권을 빼앗기고 이성적인 사고를 할 힘을 잃은 채 사기꾼의 말에 넘어가고 마는 거죠. 누군가를 등쳐 먹고 사는 사람들은 그래서 그 사람의 절박한 심정을 이용하려고 합니다.

이런 경우 절박함은 오히려 도움이 되기보다는 인생을 망치는 요인이 될 수도 있죠. 아킬레우스의 발뒤꿈치가 되는 셈입니다. 그래서 마음가짐만은 절박하게 지니되, 사고만은 냉철하게 할 필요가 있습니다. 지나친 절박감으로 인해 터널비전에 빠지는 것은 아닌지, 주위를 제대로 둘러보고 최상의 선택을 하고 있는지 자신을 돌아봐야 합니다. 절박할수록 한 발짝 물러나 자신을 바라볼 수 있는 메타인지의 힘을 길러야 합니다.

시들지 않는 열정의 꽃

절박함이 있어도 여전히 어려운 상황에 놓여있는 사람이 있는가 하면 그 어려운 상황을 벗어나 바닥을 박차고 하늘로 솟아오르는 사람들도 있죠. 그 차이는 무엇일까요? 저는 그것이 열정이라고 봅니다. 절박함이 만들어내는 열정. 열정이란 무엇일까요? 열정은 임계점을 돌파하도록 만드는 힘입니다. 물은 100도에 이르기 전까지는 끓어오르지 않습니다. 그전까지는 계속 열량을 공급해 주어야만 합니다. 물이 끓어오르도록 지치지 않고 열을 공급해 주는 일이 바로 열정입니다. 절박함이 있어도 열정이 없으면 물을 끓어오르게 할 수 없습니다.

열정 없는 절박함은 무용지물일 뿐입니다. 사업을 할 때도, 영업을 할 때도, 연애를 할 때도, 무언가 다른 일을 할 때도 가장 중요한 것은 열정이죠. 절박함이 있으면 열정의 꽃은 더 붉게 피어날 수 있습니다. 게다가 쉽사리 시들지 않죠. 작심삼일이라는 말이 있는 것처럼 무언가 변화를 주겠다, 달라지겠다고 결심을 했다가도 그 결심이 며칠 못 가 꺾이는 경우가 꽤 많습니다. 뽑아만 주면 회사에 뼈를 묻겠다는 열정도 시간이 지나면 금방 수그러들고 회사는 지옥, 자신은 노예로 생각하며 회사에서 마음이 멀어지곤 합니다. 기필코 살을 빼겠다고 해놓고서도 딱 삼 일만 지나면 자신이 다이어트를 한다는 사실조차 잊어버리고 맙니다.

하지만 절박함이 있으면 다르죠. 이 일을 떠나서는 버틸 수 없다는 절박함이 있으면 비록 지치고 힘들더라도 최선을 다하려는 노력을 계속할 수 있게 되고 열정의 꽃도 쉽게 시들지 않을 수 있습니다. 시들지 않는 열정이 있는 한 성공으로 가는 길은 항상 열려 있습니다.

〈플뢰르〉
앙리 망갱

절박함에도
잃지 말아야 할 것

주의해야 할 것이 있습니다. 아무리 절박하다고 해도 도덕성, 즉 윤리의식을 잃지 않아야 한다는 것입니다. 하루아침에 일자리를 잃고 경제적 절벽에 마주쳤다고 가정해 보죠. 당장 먹고살 돈이 없다면 앞이 깜깜해질 겁니다. 생존에 대한 절박감이 느껴지겠죠. 이때 절박하다고 해서 남의 물건을 훔치거나 거짓으로 남의 돈을 갈취할 수는 없습니다. 아무리 절박하다고 해도 도덕성을 잃게 되면 부도덕하거나 불법적인 일을 저지를 수도 있고 나아가서는 원하는 목표를 달성할 수도 없게 됩니다.

절박한 상황에 맞닥뜨려도 절대 버려서는 안 되는 것이 도덕성입니다. 저는 개인적으로 신뢰를 무척 중요시합니다. 신뢰하는 사람에게는 무한정 마음을 열지만 신뢰하지 못하는 사람에게는 마음의 문을 열지 않는 편입니다. 신뢰는 사람들 사이에 지켜야 할 기본적인 윤리입니다. 신뢰가 무너진 상태에서는 감정적 교류가 이루어질 수 없습니다. 절박한 상황에 처하면 자칫 신뢰를 저버릴 수 있습니다. 기회주의자처럼 행동할 수 있는 거죠. 그러나 긴 숨으로 보면 신뢰를 잃으면 절박한 상황이 지난다 해도 좋은 결과를 이어 나갈 수 없습니다. 절박할수록 기본에 충실해야 합니다. 지킬 것은 지키고, 버릴 것은 버리면서 오로지 원하는 목표를 향해 달려가야 합니다.

실행력이 따르지 않는 절박감의 함정

절박함에는 반드시 실행력이 따라야 합니다. 실행력이 따라주지 않는 절박함은 조바심을 불러옵니다. 조바심은 말할 수 없이 많은 부작용을 불러옵니다. 우왕좌왕하며 아무것도 못 하게 하거나, 자주 딴짓을 하거나, 깊이 있게 파고들지 못 하게 함으로써 역량발전을 저해하거나, 시야가 좁아지게 만들기도 합니다. 오히려 조바심 내지 않았으면 쉽게 해결할 수 있는 문제도 어렵게 만듦으로써 먼 길을 돌아가게 만들기도 하고 편법이나 불법과 같이 옳지 않은 일에 유혹을 느끼게도 하며 인간관계에 있어서도 어려움을 느끼게 만듭니다.

조바심이 심해지면 마치 시험 종료 5분 전의 상황에서 사는 거나 다를 바 없습니다. 시험 종료 5분 전이 되면 무언가 끈기 있게 집중해서 문제를 풀 여유가 생기던가요? 아직 못 푼 문제를 찾아 깊이 생각할 겨를도 없이 '찍기' 바쁩니다. 이처럼 조바심은 일을 잘되게 만드는 것이 아니라 오히려 일을 그르치게 만듭니다. 그래서 절박하되 조바심에 빠지지 않도록 조심해야 합니다. 실행력이 따르지 않으면 절박감은 조바심으로 변질될 수 있지만, 실행력이 뒷받침되는 절박감은 인내력을 길러줍니다. 조바심과는 달리 하고자 하는 일의 성공 가능성을 높여주는 거죠. 그러니 마음으로만 절박감을 느껴서는 안 됩니다. 절박한 상황을 벗어날 수 있도록 행동이 이어져야 하는 거죠.

절박함은 왜 필요한가?

다람쥐 쳇바퀴 같은 삶에서 벗어나기

절박한 상황에 처하게 되면 사람들은 자기 자신을 다시 한번 뒤돌아보게 됩니다. 여러분은 평소에 자신에 대해 얼마나 잘 알고 지내는지요? 자신에 대해 얼마나 알려고 노력하는지요? 대부분의 사람들이 자신에 대해 잘 알고 있다고 생각하지만 안정되고 편안한 삶에 길들여지면 자신을 돌아볼 기회가 그리 많지 않습니다. 그러면서 생각하죠. 지금 내가 처해있는 안락함과 평안함은 내 노력에 의해 만들어진 것이고 나는 당연히 이 모든 것을 누릴 권리와 자격이 있다고 말이죠. 자신은 어떤 사람이고, 자신이 가진 장점과 단점은 무엇이고, 자신이 가진 자산이 무엇인지 제대로 바라볼 수 없게 됩니다. 제3자가 바라보면 뛰어난 역량과 자질을 가지고 있는 사람도 현실의 안락함에 안주하게 되면 그것을 활용할 생각을 못 합니다. 편안한 현실에서 벗어나기 싫어 적당히 환경과 타협하며 살아가게 됩니다. 그러다 보면 주어진 삶에 갇혀 지내게 되죠. 쳇바퀴 돌 듯 살아간다는 겁니다. 다람쥐가 아무리 쳇바퀴를 열심히 돈다 한들 달라질 게 있을까요?

하지만 절박한 상황에 닥치게 되면 비로소 자신을 돌아볼 수 있게 됩니다. 자신의 내면세계를 들여다보게 되고, 잊고 지냈던 자신의 진실과 마주할 수 있게 되고, 비록 볼품없이 작은 것이라는 생각이 들지라도 자신의 자산을 활용할 방법을 찾게 됩니다. 그것만이 살 수 있는 방법이니까요. 하던 일을 잠시 멈춰 서 보세요. 그리고 곰곰이 생각해 보세요. 나는 내가 가진 역량을, 지식을, 지혜를 제대로 평가하고 잘 활용하고 있는지. 절박한 심정을 더해 내가 가진 자산을 활용할 수 있는 방법을 찾아보세요. 길이 보일 겁니다.

몽상가 vs 행동가

절박한 사람과 그렇지 않은 사람은 행동에서 어떤 차이가 나타날까요? 절박한 사람은 무엇이든 살아남기 위해 할 수 있는 모든 것들을 시도하려고 합니다. 반면에 절박하지 않은 사람은 조금이라도 가능성이 없다고 여겨지면 쉽게 포기하고 맙니다. 한때 암 치료에 개 구충제인 펜벤다졸이 좋다는 소문이 돌면서 많은 사람들이 이 약을 복용한다는 뉴스가 있었습니다. 의료기술이 예전보다 발달하고 완치율이 높아지고 있지만 여전히 암은 무서운 병 중 하나입니다. 한번 암에 걸리면 죽을지 살아남을지 장담할 수 없습니다. 그러기에 암에 걸린 사람들은 절박한 심정이 됩니다. 그분들은 무엇이든 암치료에 좋다고 하는 것은 가리지 않고 먹습니다. 지푸라기라도 잡고 싶은 것이 그분들의 심정일 것입니다. 굼벵이를 먹어 보셨나요? 와송이라는 것을 먹어 보셨나요? 암에 걸리지 않은 사람이라면 눈살을 찌푸리고 멀리할 음식들도 그들은 거침없이 먹습니다. 제가 어렸을 때는 높은 곳에서 떨어진 사람들이 허리에 좋다며 화장실에서 똥물을 퍼다 마시는 것도 봤습니다. 어차피 죽을 거라면 시도해 보는 게 후회 없을 수 있을 테니까요.

절박함은 실천적인 행동을 촉발하는 요인이 될 수 있습니다. 절박함이 없는 사람들은 머릿속으로만 생각하는 경우가 많습니다. 이리 재보고 저리 재보다가 지레짐작으로 안 될 것 같으면 쉽게 포기하고 맙니다. 끝까지 물고 늘어져 끝장을 보고야 말겠다는 마음을 갖지 못합니다. 여러분이 음식점을 한다고 한번 생각해보죠. 내가 어떻게든 맛있는 음식, 차별화될 수 있는 음식을 만들어내지 못하면 살아남을 수 없다는 절박함이 있다면 그 음식점은 살아남을 수 있습니다. 하지만 이렇게 해도 대충 밥은 먹고 살 수 있겠다 싶으면 더 이상 노력을 하지 않게 됩니다. 매일 똑같은 메뉴에 똑같은 레시피로 똑같은 품질을 만들어낼 뿐입니다. 그러다가 장사가 안되면 세상 탓, 정부 탓, 경기 탓을 합니다. 자기 탓을 하는 사람들은 거의 없습니다. 절박함을 가지고 한 번 매달려 보세요. 만일 절박한 심정으로 무언가를 했음에도 불구하고 제대로 안 된다면 여전히 절박함이 모자라는 것일 수도 있습니다.

〈버블보이〉
폴 필

몰입에 이르는
가장 좋은 동기

성공은 노력의 성과입니다. 성과를 만들어내는 가장 좋은 방법은 몰입하는 것입니다. 우리는 살아가면서 참으로 수많은 문제들과 부딪힙니다. 작고 사소한 문제부터 생명이 달린 큰 문제에 이르기까지, 삶은 문제해결과 의사결정의 연속이라고 해도 과언이 아닙니다. 문제를 올바르게 해결하고 성과를 만들어 내기 위해서는 사고가 필요합니다. 그리고 그 사고의 질은 고민의 깊이와 비례합니다. 얼마나 오랜 시간을, 얼마나 깊이 있게 고민하느냐가 얼마나 좋은 사고로 이어질 수 있느냐를 결정합니다. 고민하고 또 고민하고, 생각하고 또 생각하는 거죠. 그러면 좋은 사고를 떠올릴 수 있게 되고 그것은 다시 좋은 성과로 이어질 수 있게 됩니다. 이것이 몰입의 효과입니다.

몰입하기 위한 가장 좋은 조건은 절박함입니다. 절박함이 없으면 몰입에 이르지 못하고 생각이 흩어지거나 중도에 포기하게 됩니다. 무언가를 고민하다가도 '에이, 골치 아파. 모르겠다'라며 그만두거나 '이 정도면 됐어. 이제 그만하자'라며 중간에 손을 들고 편의와 타협하고 맙니다. 그렇게 해도 성과가 나올 수는 있겠지만 더 뛰어난 아이디어는 나오지 않을 수도 있습니다.

예를 들어보겠습니다. 브라질의 한 커피회사는 매일 아침 신선한 원두를 볶아 커피를 만들어냅니다. 그리고 그것을 마트를 통해 판매합니다. 문제는 대다수의 사람들이 마트에서 파는 커피를 신선하지 않을 것이라고 생각한다는 거죠. 매일 아침 갓 볶아낸 신선한 커피를 판매함에도 불구하고 사람들은 쉽게 그것을 선택하지 못합니다. 커피회사의 매출은 늘어나지 않고 홍보와 마케팅으로 인해 비용은 점차 증가합니다. 이 상황을 헤쳐 나가려면 어떤 아이디어가 필요할까요? 브라질의 커피 회사는 자사 제품이 신선하다는 것을 알리기 위해 커피 팩에 그날 아침 조간신문의 뉴스를 인쇄했습니다. 그리고 그 옆에 나란히 조간신문을 배치했죠. 사람들이 아침에 발행된 신문을 보고 그 옆에 놓인 커피 팩에서 동일한 기사를 발견합니다. 그것을 본 고객들은 '아, 이 커피는 오늘 아침에 만들어진 거구나'하고 생각하게 되겠죠. 이렇게 해서 브라질의 커피 회사는 매출 정체라는 어려움을 극복하고 탄탄한 성장의 길을 걷게 됩니다.

이런 아이디어가 특정한 사고 방법으로 도출될 수 있을까요? 고민하고 또 고민하고, 죽을힘을 다해 해결책을 찾아내기 위해 생각하고 또 생각할 때 이런 좋은 아이디어가 떠오를 수 있습니다. 몰입해야 하는 거죠. 절박함은 몰입에 이를 수 있는 가장 좋은 동기입니다.

사고와 행동의 초점을 맞추는 힘

몰입이라는 것은 한편으로 보면 포커스가 모아지는 것이라 할 수 있습니다. 돋보기를 이용해서 신문에 불을 붙이려면 초점을 맞춰야 합니다. 초점이 분산되면 분산될수록 불이 붙을 확률도 떨어지고 시간도 오래 걸립니다. 반면에 초점이 작으면 작을수록 짧은 시간 안에 불이 잘 붙을 수 있습니다. 절박한 마음은 사고와 행동에 초점을 맞출 수 있도록 도와줍니다. 해결하지 않으면 안 될 일에 모든 신경을 집중하도록 만들어주죠. 하지만 절박한 마음이 없으면 사람의 마음은 분산되기 쉽습니다. 이것저것 찔러보고, 여기 조금 저기 조금 관심을 가지고 들여다보다가 쉽사리 포기하고, 마땅히 자신이 원하는 것이 아니어도 기웃거리며 신경을 쓰게 됩니다. 초점이 없기 때문이죠. 결국 돈도, 시간도, 노력도 흩어져버리게 됩니다. 당연히 불도 붙지 않습니다.

성과를 내기 위해서는 선택과 집중이 필요합니다. 점심시간에 순댓국과 비빔밥을 먹고 싶다고 해서 둘 다 먹을 수는 없습니다. 하나를 선택하면 다른 하나는 포기하지 않으면 안 됩니다. 그렇게 선택한 결과는 배부름과 만족이라는 성과를 가져오게 마련입니다. 절박한 상황일수록 자신이 가진 모든 힘과 역량을 집중하려고 노력해야 합니다. 한 가지 일에 초점을 맞추고 그 일에 집중해서 깊이 있게 파고들어야 합니다. 그러다 보면 어떤 식으로든 방법을 찾게 마련입니다. 절박한 심정으로 여러분의 모든 정신과 에너지를 모아 한 가지 일에 집중해 보세요. 일단 초점이 맞으면 불은 반드시 붙게 되어 있습니다. 초점을 맞추는 일부터 시작하세요.

집요한 승부근성

절박함은 어려운 상황을 헤치고 나가거나 보다 나은 미래로 나아갈 수 있는 출발점이 될 수는 있지만 그것만으로는 만능 해결책이 될 수 없습니다. 절박함이 열매를 맺기 위해서는 태도가 중요합니다. '소프트웨어를 만드는 사람들'이라는 기업을 운영하는 김대환 대표는 이렇게 말합니다.

"대부분은 어떤 문제를 직면할 때 안 된다고 결론 내리고 왜 안 되는지에 대한 이유를 찾습니다. 어차피 100점을 못 맞으니 80점도 의미가 없다고 생각하는 사람들이 많아요. 하지만 이때 문제를 풀려고 생각하고 80점이라도 맞으려고 집요하게 파고드는 사람이 5% 안에 드는 사람입니다. 그리고 이러한 집요함이 남들과 다른 태도입니다."

절박함이 값진 열매를 맺기 위해서는 그 상황을 받아들이는 태도가 달라져야 합니다. 무엇보다 '할 수 있다'라는 긍정적인 태도와 '해야만 한다'라는 집념이 있어야 합니다. 절박함을 느낀다는 건 일반적으로 편안한 상황에 있지 못하다는 것입니다. 그렇다 보니 자칫 잘못하면 포기하고 물러날 수 있습니다. 자포자기하고 좌절하게 되는 거죠. 절박한 상황에서 그것을 이겨내지 못하고 스스로 목숨을 끊은 사람들도 있습니다. 안타깝지만 이들은 상황에 압도되어 좌절하게 되고 스스로의 삶을 포기해 버리고만 것입니다. 이런 경우 절박감이 긍정적인 결과를 불러오기보다는 부정적인 결과를 불러온 셈이죠. 그러하기에 절박한 상황에서는 그 상황을 이겨낼 수 있다는 긍정적인 태도와 온갖 역경을 이겨내고 탈출구를 찾아내려는 집요함이 필요합니다. 자신이 가진 힘과 역량을 믿고, 결과에 대해 희망을 잃지 않으며 끝까지 물고 늘어지려는 승부 근성 같은 것이 필요한 것이죠.

추운 겨울을 이겨낸 나무

집에 만리향 화분이 하나 있습니다. 재작년 겨울은 몹시도 추웠기에 혹시나 얼어 죽을까 싶어 거실로 들여놨습니다. 겨울이 가고 봄이 되었지만 꽃은 별로 피어나지 않았고, 아쉽게도 만리향의 그윽한 향기를 즐길 수도 없었습니다. 작년 겨울에는 만리향을 베란다에 둔 채 겨울을 보내게 했습니다. 그러자 올봄에는 꽤 많은 꽃이 피더군요. 재작년에 비하면 셀 수 없을 정도로 많은 꽃이 피었습니다. 덕분에 베란다가 기분 좋은 만리향 꽃향기로 가득 찼습니다.

해마다 봄이 되면 꽃이 피어납니다. 사방천지 알록달록 예쁜 꽃들이 지천으로 널립니다. 그런데 같은 나무라 해도 해마다 피우는 꽃의 양이 다르다는 사실을 아시나요? 어느 때는 풍성하게 꽃을 피우고 어느 때는 약간 부족한 듯 꽃을 피웁니다. 보통 겨울이 혹독하면 혹독할수록 봄에 피는 꽃의 양은 풍성해집니다. 그 이유가 뭘까요? 꽃을 피우는 것은 생물학적인 관점에서 볼 때 자손을 퍼뜨리기 위한 것입니다. 겨울이 혹독하면 나무는 자신이 얼어 죽을 수도 있다는 위기의식을 느낍니다. 그러기에 자신이 죽기 전에 더 많은 꽃을 피움으로써 자손을 더 많이 퍼뜨리려고 합니다. 이처럼 절박함은 더욱 풍성한 결과를 가져올 수 있습니다. 온실 속에서 얌전하게 자란 나무는 봄이 되어도 많은 꽃을 피우지 않습니다.

마음속에 절박함이 있는 사람은 혹독한 겨울을 넘긴 나무와 같이 때가 되면 풍성한 꽃을 피울 수 있습니다. 마음속에 절박함이 없는 사람은 마치 온실 속에서 자란 나무와 같이 때가 되어도 꽃을 피우지 못합니다. 비록 환경은 그렇지 않더라도 절박함을 가지고 있는 것과 그렇지 않은 것은 결과에 있어 큰 차이를 보일 수 있습니다. 풍성한 결과를 얻고 싶다면 무슨 일을 하든 '이것 아니면 안 된다'라는 절박함을 가지고 매달려 보세요.

〈꽃이 핀 아몬드 나무〉
빈센트 반 고흐

절박함이 바꿔 놓은 두 친구의 삶

많은 직장인들의 공감을 얻었던 드라마 '미생'에 그런 대사가 나옵니다. '내가 가장 두려운 건 기다리다 저놈처럼 될까 봐, 그게 제일 겁나. 저놈도 처음에는 안 그랬을 거 아냐.' 시간이 지나면서 무뎌지고 현실과 타협해서 적당히 살아가는 모습에서 자기의 미래를 보는 것이라 여겨집니다. 제가 아는 사람들 이야기를 해볼까 합니다.

고등학교 시절, 제게는 친한 친구가 두 사람 있었습니다. 실명을 거론할 수 없으니 편의상 A와 B라고 하죠. A와 B 두 친구는 모두 법대에 진학하는 것이 꿈이었습니다. 아쉽게도 두 친구의 역량이 같지는 않았죠. A는 타고난 머리가 우수한 데다 공부도 열심히 하여 우리나라에서 제일 좋은 대학의 법과대학에 어렵지 않게 입학했습니다. 하지만 B는 A만큼 좋은 머리를 타고나지는 않았습니다. 그럼에도 불구하고 B는 법과대학에 진학하겠다는 목표를 가지고 열심히 공부했습니다. 다행히도 원하는 대로 법과대학에 진학하기는 했지만, 학교는 소위 말하는 삼류 대학이었습니다. 지명도가 거의 없는 학교였죠.

어쨌거나 두 친구는 목표한 대로 법과대학에 진학하는 데는 성공했습니다. 성공의 기준을 대학 진학에 두면 두 친구 모두 성공한 셈이죠. 두 친구의 운명은 법과대학에 진학하면서부터 달라지기 시작했습니다. 뛰어난 머리 덕분에 우리나라에서 가장 좋은 법과대학에 입학한 A는 자신의 목표를 이루었다며 방심하기 시작했습니다. 사법고시를 봐서 법관이 되겠다는 막연한 꿈이 있기는 했지만 언제 어떻게 시험을 볼 것이며, 사법고시에 합격하기 위해 어떠한 노력을 할 것인지 등에 대해 구체적인 계획도 없이 연일 노는 데만 정신이 팔려 있었습니다. 반면 어렵게 삼류대학의 법과대학에 진학한 B는 자신이 부족하다는 사실을 알고 대학에 입학하는 순간부터 법관이 되기 위한 구체적인 목표와 계획을 세워 그것을 달성하기 위해 노력했습니다. 아주 절박한 심정으로 말입니다.

결론은 여러분들도 예상할 수 있으시겠죠? A는 4학년이 되어

서야 겨우 사법고시에 응시했지만 낙방했고, 졸업 이후에도 몇 년인가 더 시험을 봤지만 모두 실패하여 결국 대기업의 법무팀에 입사하였습니다. 그 이후 평범한 직장인으로 생활하다가 이미 오래전에 은퇴하고 지금은 로스쿨 진학을 준비하는 학생들을 대상으로 학원을 운영하고 있습니다. 반면 B는 2학년 때부터 줄곧 시험에 응시하였고 4학년 졸업을 앞두고 사법고시에 합격하여 꿈에 그리던 법관이 되었습니다. 그뿐이 아닙니다. 사법연수원 시절부터 밤을 새워가며 노력한 끝에 동기들에 비해 가장 빨리 진급을 했고 지금은 퇴임한 후 개인 변호사로 큰돈을 벌고 있습니다.

두 사람의 차이가 무엇일까요? 타고난 머리의 차이일까요, 아니면 노력의 차이일까요? A는 자기가 똑똑하고 그래서 조금만 노력하면 무엇이든 할 수 있을 것이라는 자만심 때문에 자기 인생에 대한 절박함이 없었습니다. 반면 B는 자신의 부족함을 잘 알고 있었고 그래서 그 부족함을 채우기 위해 절박한 마음으로 부단히 노력했습니다. 결국 A는 자신이 원했던 삶과 전혀 다른 삶을 살게 되었고 B는 자신이 원한 삶을 살고 있습니다. A는 자신의 삶이 어린 시절 그렸던 자신의 미래 모습과 다르다 보니 삶에 대한 만족감이나 행복을 느낄 수 없어 늘 불평불만이 가득합니다. 지금도 만나기만 하면 자신의 신세를 한탄하는 바람에 듣기 거북한 경우가 종종 있습니다. 반면 B는 어린 시절 그렸던 미래의 모습이 그대로 이루어지자, 삶이 즐겁고 행복하게 느껴진다고 합니다. 그래서 그 친구를 만나면 늘 즐겁습니다. 제 친한 친구들을 사례로 들어서 그 친구들에게 미안하긴 하지만 인생에 절박함이 있느냐 없느냐가 삶의 질을 좌우할 수 있다고 봅니다.

여러분도 삶의 질을 바꿔보고 싶다면 절박함을 가슴에 품어보세요. 어쩔 수 없어 복권 한 장을 사더라도 절박한 마음으로 사세요. 그냥 재미 삼아 한다고 하시지 말고요. 모든 일에 절박함을 가지고 하다 보면 시간이 지날수록 좋은 일들이 많이 생길 것이고 여러분의 삶도 달라질 수 있을 겁니다.

시련을 이겨내는 힘

절박함은 사람을 강하게 만듭니다. 그런 말이 있죠. '강한 자가 살아남는 게 아니라 살아남는 사람이 강한 자다'라는. 살다 보면 많은 시련을 겪게 됩니다. 시련 없이 평탄한 삶이 좋아 보이지만 시련이 꼭 나쁜 것만은 아닙니다. 시련은 모든 것을 강하게 만들기 때문입니다. 쇠도 시련을 겪지 않으면 강하게 되지 않습니다. 수십 번의 불길과 망치질을 견뎌내야 좋은 쇠가 될 수 있습니다. 시련 없는 삶을 부러워하지 마세요. 많은 시련을 이겨낸 사람들일수록 성공할 가능성이 높습니다. 시련을 견뎌내지 못한 사람들은 오직 자신이 알고 있는 좁은 우물에 갇혀 그 세상에만 만족하고 살아갈 가능성이 높습니다.

직장만 다니다 정년퇴직하는 사람들은 순탄하게 인생을 살아가지만 직장과 가정 외에는 삶에 대해 아는 것이 별로 없습니다. 인생의 깊은 맛이 없습니다. 씹으면 씹을수록 깊은 맛이 나는 게 인생인데 순탄한 인생을 산 사람들은 씹는 맛이 안 납니다. 시련을 겪은 사람들은 인생의 참맛을 알 수 있습니다. 쓴맛, 단맛, 신맛, 짠맛, 감칠맛 모두 담겨 있습니다. 내 앞에 시련이 놓여있거든 절박한 심정으로 그 시련을 받아들이고 이겨내려고 하세요. 시련을 이겨내는 과정은 고통스럽겠지만 그 과정을 이겨냈을 때 얻을 수 있는 성과는 그 무엇보다 값질 것입니다. 시련은 나 자신이 성장할 수 있는 아주 좋은 기회입니다.

생존과 번영을 위한 진화의 힘

절박함은 변화를 가져오기 마련입니다. 기업에서는 늘 혁신과 변화를 강조합니다. 직원들에게도 귀가 따갑도록 혁신과 변화를 강조하며 '달라지지 않으면 죽는다', '마른 수건도 짜라'라고 하지만 꼬박꼬박 적지 않은 월급 받으며 생활하는 직장인들에게 그런 말은 잘 통하지 않습니다. '마른 수건 짜봐야 물이 나오냐?'라면서 코웃음 치면서도 하는 수 없이 동참하는 척합니다. 몸은 동참하되 마음은 다른 곳에 가 있습니다. 제 직장생활 경험에 의하면 대다수가 그렇습니다. 혁신하지 않고 변화하지 않아도 정해진 월급 나오고 안정된 생활을 할 수 있는데 왜 힘들게 혁신하고 변화해야 하죠? 혁신하고 변화하면 월급이 달라지나요? 그러니 직원들이 혁신과 변화에 관심을 갖지 않는 겁니다. 경영자들만 애가 타서 혁신과 변화를 부르짖는 거죠. 변화관리 부서는 그게 자기 밥줄이니까 열심히 할 수밖에 없습니다.

하버드 대학의 존 코터John P. Kotter 교수에 의하면 변화에 실패한 100개 기업을 조사한 결과 가장 큰 원인은 절박함을 조성하는 데 실패했기 때문이라고 합니다. 개인도 마찬가지입니다. 내가 안정된 직업을 가지고 안정된 생활이 보장되면 굳이 새로운 도전을 하거나 자신을 변화시킬 생각을 하지 않습니다. 여기서 새로운 도전이나 변화란 자신의 역량을 끌어올리고 더 나은 사람이 되기 위한 노력을 말합니다. 그런 사람들은 대개 자신을 업그레이드시키는 활동보다는 친목모임이나 취미활동에 더 많은 관심을 갖습니다. 그래도 문제없으니까요.

찰스 다윈Charles Darwin은 진화론으로 인해 이단으로 낙인찍힌 사람이지만 그가 발견한 진화는 절박함이 만들어낸 산물입니다. 환경에 적응하지 못하면 생존할 수 없는 상황에서 그 어느 생명체든 변화하려는 노력을 하지 않을 수 없었을 것이고 그것이 오랜 세월 축적되다 보니 진화를 가져온 것이죠. 공룡이 멸종한 원인에는 여러 가지 가설이 있지만 어쩌면 환경 변화에 적응하지 못했던 탓도 있을지 모릅니다. 진화하지 않으면 살아남지 못하는 환경에서 진화하지 못했기 때문에 도태된 것일 수 있죠. 절박해야 변할 수 있습니다. 절박해야 진화할 수 있습니다. 그리고 진화해야 살아남을 수 있습니다. 생존을 위해, 번영을 위해 절박함을 가지세요.

〈새장속의 카나리아〉
타데우시 마코프스키

절박함의 배를 올바른 방향으로 움직이려면

절박함이 성공으로 이어지기 위해서는 열정이라는 추진력이 필요합니다. 그와 함께 중도에 포기하지 않고 끝까지 밀어붙일 수 있는 방향도 필요합니다. 그게 바로 야심입니다. 야심은 무엇인가를 이루어 보겠다고 마음속에 품고 있는 욕망이나 소망을 말합니다. 욕심이나 허영과는 많이 다르죠. 욕심이나 허영은 발이 땅에서 떨어져 있는 상태입니다. 다시 말해 자신의 힘으로는 이룰 수 없는 헛된 바람이라는 것이죠. 반면 야심은 발끝을 땅에 딛고 있는 상태입니다. 이룰 수 없는 헛된 바람이 아니라 죽을힘을 다하면 이룰 수 있는 꿈이 야심이죠.

성공한 젊은 부자들은 모두 야심이 있었다는 공통점이 있습니다. 고인이 된 스티브 잡스Steven Jobs나 빌 게이츠Bill Gates나 마크 저커버그Mark Zuckerberg나 제프 베조스Jeff Bezos나 모두 뚜렷한 목표, 크나큰 야망이 있었다는 거죠. 그렇기에 허름한 차고에서 시작했음에도 불구하고 짧은 시간 안에 기적 같은 성장을 이루어 낸 것일지도 모릅니다. 야심은 절박함이라는 배가 올바른 목적지에 도착할 수 있도록 길을 밝혀주는 등대 같은 역할을 합니다. 아무리 어두운 밤이라도 등대만 있으면 배는 길을 잃지 않고 항구로 돌아올 수 있습니다. 절박함이 길을 잃지 않고 바다에서 표류하지 않게 하려면 야심이라는 등대가 필요합니다. '에임 하이Aim high!' 꿈을 높게 잡고 열정으로 움직이는 절박함이라는 배에 올라타 보세요. 여러분도 성공의 길로 들어설 수 있습니다.

절박함은 어떤 힘을 가지고 있는가?

초인적인 힘의 원천

사람들은 누구나 자신의 인생을 성공적으로 살고 싶어 합니다. 직장에서 높은 자리에 올라가고, 돈 걱정 없이 살 수 있을 정도로 큰돈을 벌고, 주위 사람들로부터 존경받고, 사회적으로 가치 있는 사람으로 인정받고 싶고, 주변 사람들이나 가족들과 화목하고 행복하게 지내고 싶어 합니다. 아무리 욕심 없이 사는 사람이라도 실패한 인생보다는 성공한 인생을 살고 싶겠죠. 그러기 위해서는 절박함이 있어야 합니다. 그 이유는 마음속에 절박함이 있을 때야 비로소 자신이 가진 모든 열정과 노력을 자신이 하는 일에 쏟아부을 수 있기 때문입니다. 편안하고 안정된 삶에서는 자신의 모든 것을 쏟아붓지 않아도 먹고 살만하기 때문에 전력을 다하지 않을 수 있습니다.

이런 상황을 떠올려 볼까요? 모두가 잠든 고요한 밤에 어느 집에선가 갑자기 불길이 치솟기 시작합니다. 집 안에서 잠을 자던 사람들이 모두 소스라치게 놀라 밖으로 뛰어나옵니다. 잠시 후 정신이 돌아온 엄마는 아이가 보이지 않는다는 걸 깨닫게 됩니다. 아이는 아직도 집안에 남아 있는 거죠. 그 순간 엄마는 두 번 생각할 것도 없이 무조건 불길 속으로 뛰어듭니다. 아이를 구해야 하니까요. 맨몸으로 불 속으로 뛰어들면 생명이 위험할 수도 있다는 생각 따위는 들지 않습니다. 오로지 아이를 살려야 한다는 일념밖에 없습니다. 이때 엄마가 가진 마음가짐이 바로 절박함입니다. 어떻게든 아이를 살려야 한다는 마음가짐.

절박함이 있는 엄마는 불길을 두려워하지 않습니다. 온몸에 화상을 입고 머리카락이 모두 타버려도 어떻게든 아이를 껴안고 불길 속을 헤치고 나옵니다. 자동차에 깔린 아이를 구해내기 위해 자동차를 들어 올리는 괴력을 발휘하는 엄마의 이야기도 절박함이 있기 때문에 가능한 것입니다. 절박함이 있으면 평소 자신이 모르던 초인적인 힘이 발휘될 수 있습니다. 절박함이 없으면 자신이 가진 힘조차 제대로 쓰지 못합니다. 그러니 인생을 성공적으로 살고 싶다면 성공에 대한 절박함이 있어야 하겠죠.

절박한 사람과 그렇지 못한 사람의 삶의 자세

우리가 살아가면서 절박함을 가져야 하는 이유 중 하나는 그것이 삶의 태도, 삶을 대하는 자세를 달라지게 만들기 때문입니다. 삶의 자세와 태도는 자신이 해야 할 일을 대하는 마음가짐을 다르게 만듭니다. 저는 얼마 전까지 모 교육단체에서 직장인들을 대상으로 강의를 하는 일을 했습니다. 학습자들은 사기업에서 근무하는 직장인들과 공무원, 그리고 공기업에 소속된 분들입니다. 강의를 하다 보면 어느 기업에 속해 있느냐에 따라 학습 태도가 분명히 갈린다는 것을 느끼게 됩니다. 가장 열심히 하는 집단은 사기업에 속해 있는 직장인들입니다. 그들은 성과를 내지 못하면 언제라도 직장에서 밀려날 수 있으며 성과를 내기 위해서는 자신이 부족한 부분을 보완하지 않으면 안 된다는 사실을 잘 알고 있으니까요. 학습을 통해 하나라도 도움이 되는 것을 얻어 가기 위해 수업 시간에도 귀를 쫑긋 세우고 집단 토론 시간에도 적극적으로 참여합니다.

반면에 공무원이나 공기업에 속해 있는 분들은 학습 태도가 그리 좋지 못합니다. 이 책을 읽는 분들 중에서도 해당되는 분들이 계시겠지만 어쩔 수 없는 사실입니다. 공무원이나 공기업의 경우 가장 큰 혜택은 정년이 보장된다는 것이겠죠. 일을 잘하든 못하든 자신이 그만두지 않는 한, 법으로 정해진 근무 기간을 채울 수 있습니다. 진급에 영향을 미칠 수는 있지만 일을 못 한다고 해서 크게 불이익을 받는 일도 드뭅니다. 고용의 안정성 측면에서는 크게 아쉬울 것이 없는 상태죠. 그러다 보니 교육에 들어와서도 딴짓을 하거나 대충대충 시간만 때우다 가려는 사람들이 많습니다. 물론 사기업에서 온 사람들도 딴짓을 하거나 학습에 흥미를 보이지 않는 사람들도 있고, 공기업에 재직하고 있는 사람이나 공무원 중에서도 열심히 하는 사람들이 많습니다. 개인의 성향에 따라 편차가 있지만 대체적으로 그렇다는 것이죠.

한 번은 모 지역의 구청 직원들을 상대로 강의를 한 적이 있습니다. 강의는 자신들이 근무하는 지역에서 아주 멀리 떨어진 휴양시설에서 진행됐는데, 강의를 시작하자마자 상당수가 엎어져 자기 시작하더군요. 어떤 사람은 제 앞에서 거의 눕다시피 한 채 두 다리를 쭉 뻗고 자더군요. 처음부터 쉬기로 작정을 한 듯합니다. 만일 그 교육이 자신들의 평가를 가르고 그것으로 공무원 생활을 계속할 수 있는지의 여부가 갈릴 수 있다면 그렇게 행동할 수 있을까요? 공무원들이 5급 사무관 진급시험에 합격하기 위해서는 상상을 초월할 정도로 간절하게 행동합니다. 진급이 달린 교육은 절박하지만 그렇지 않은 일반적인 교육은 절박함이 없죠. 절박함이 없다 보니 해도 그만 안 해도 그만이라는 마음가짐이 생기게 되었을 것이고 그것이 잘못된 행동으로 나타나게 된 것입니다.

결국 절박함은 삶을 대하는 태도, 삶을 대하는 자세를 달라지게 만들고 그것은 일을 대하는 태도를 달라지게 만드는 요인이 됩니다. 어떤 일을 하든 절박한 마음으로 최선의 결과를 도출하려고 노력하고 결과에 대한 책임을 지려고 하는 마음가짐이 있다면 그 사람이 하는 일은 늘 성공적인 평가를 받게 될 것입니다. 하지만 이러나저러나 어차피 나오는 월급이니 대충 시간만 때우겠다고 생각하면 최선을 다할 리가 없죠.

〈파도 속에서〉
폴 고갱

결핍, 더 나은 세상으로 이끌어줄 수 있는 티켓

절박함이란 결핍을 느끼는 것입니다. 모든 것이 풍요로운 상황에서는 절박함을 느낄 수가 없습니다. 인간은 원래 배부르고 등 따시면 아쉬움을 느끼지 않고 타협하려는 존재입니다. 앉으면 눕고 싶고, 누우면 자고 싶다는 말이 있죠. 무언가 채워지지 않는 것이 있어야 그것을 채우고 싶은 마음이 생기는 겁니다. 결핍은 고통스럽기도 하지만 자신에게 부족한 무언가를 채울 수 있는 기회가 남아있다는 말이기도 합니다. 목표를 가질 수 있고 희망을 가질 수 있다는 거죠. 무언가에 결핍을 느꼈을 때 절박하지 않은 사람들은 굳이 그것을 채우려 하지 않습니다. 자신의 업무 실력이 부족해서 일을 수행하는 데 어려움이 있어도 절박하지 않은 사람들은 역량을 끌어올릴 생각을 하지 않습니다. 하지만 마지막 진급시험을 앞두고 점수가 안 되어 승진이 어렵게 된 사람들은 마지막 기회를 놓치지 않기 위해 목숨을 걸고 공부에 매달립니다.

절박한 사람들은 결핍을 느꼈을 때 그것을 채우려고 노력합니다. 말주변이 모자라면 화법이나 스피치를 배우려 하고, 사업을 하는데 마케팅이나 홍보가 미흡하면 마케팅이나 홍보 수단을 배우려 하고, 인간관계가 어려운 사람들은 커뮤니케이션 잘하는 방법을 배우려 하고, 리더십이 부족한 사람들은 리더십을 배우려고 합니다. 희망적인 것은 이렇게 자신의 결핍을 채우려고 노력하다 보면 자신의 역량이나 가치가 향상된다는 것입니다. 결핍을 채우지 않으면 안 된다는 절박함이 자신을 성장의 길로 이끄는 원동력이 된다는 거죠. 그러니 부족함을 부끄러워하거나 원망하지 마세요. 더 나은 세상으로 나를 이끌어줄 수 있는 티켓 같은 것입니다. 다만 그것을 방치하지 말고 채우려고 노력하면 됩니다.

절박함이 싹을 틔우면 성공의 길이 열린다

고등학교 친구 중에 정말 재능이 뛰어난 친구가 있었습니다. 공부 재능이죠. 그런데 이 친구는 삼수를 했음에도 불구하고 소위 말하는 명문대인 S대를 가지 못하고 H대에 입학했습니다. 학창 시절에는 저와 비교도 되지 않을 정도로 공부를 잘했기에 그가 S대에 갈 것이라는 사실을 의심하는 사람은 아무도 없었습니다. 하지만 그는 지나치게 자신의 재능만 믿고 노력을 게을리했습니다. BTS를 세계적인 뮤지션으로 만든 방시혁 씨는 한 오디션 프로그램에서 독설을 하기로 유명했는데 그가 신동아에 기고한 글 중에 이런 내용이 있습니다.

'10년이 넘는 시간 동안 음악업계에 종사하면서 느낀 건 재능

있는 이들 중에는 의외로 노력하지 않는 사람이 많다. 아마도 재능이 뛰어난 사람은 남보다 덜 노력해도 빠른 시간 안에 어느 정도의 성취를 내기 때문이 아닌가 짐작해 본다. 이는 심지어 오디션에서도 예외가 아니라서 재능에 감동해 뽑은 친구들이 라운드가 거듭될수록 노력을 게을리해서 발전은커녕 본인의 실력만큼도 못 보여주는 경우가 종종 있다. 물론 이 경우에 칭찬과 격려로 북돋워 주며 같이 가는 방법도 있을 것이다. 하지만 언제까지 그 사람의 재능을 믿으며 선생님이 되어줄 것인가? 아니, 칭찬을 해줘야만 앞으로 나가겠다는 사람에게 과연 가수가 되겠다는 절박함이 있긴 한 건가?'

많은 생각을 하게 하는 글이 아닐 수 없습니다. 어쩌면 제 고등학교 친구도 자신의 재능에 도취되어 있었던 것 아닌가 싶습니다. 재능이 있는 사람이 재능을 제대로 발휘하려면 노력이 따라야 합니다. 재능이 없는 사람이 재능 있는 사람을 따라가거나 앞서려면 더 많은 노력을 해야 합니다. 저는 절박함이 있는 사람과 없는 사람을 프로와 아마추어에 비교하고 싶습니다. 프로는 자기 자신과의 싸움을 이겨내고 스스로 길을 개척하며 끝없이 도전하고 역량을 끌어올리는 사람입니다. 결과에 대한 책임도 오롯이 자기 스스로 져야 합니다. 자기의 성적이 곧 몸값이 되고 생계와 직결이 되니까 절박할 수밖에 없죠. 아마추어도 비슷하겠지만 프로만큼 절박하지는 않죠. 열심히 한다고 몸값이 올라가는 것도 아니고 생계가 달려 있지도 않습니다. 조금 못한다고 해서 도태될 리도 없습니다.

인생은 아마추어 게임이 아닙니다. 인생은 프로 게임입니다. 잘하는 사람은 살아남고 큰돈을 벌 수 있지만 못하는 사람은 도태되고 경제적 어려움에 처할 수밖에 없습니다. 프로가 되고 싶거든 절박함을 마음속에 간직해 보세요. 세상을 원망하지 마세요. 운명을 탓하지 마세요. 원래 공평하지 않은 인생에서 성공하기 위해서는 오로지 노력하는 수밖에 없습니다. 성공하겠다는 마음가짐, 성공하겠다는 절박함의 씨앗에서 싹이 돋는 날, 여러분은 그 나무를 타고 성공의 길로 오를 수 있을 것입니다.

겸손과 거만

젊은 사람들이 자주 보는 유머 게시판에 이런 글이 있습니다. '월급 받는 만큼만 일하려면 아침에 출근하자마자 퇴근해야 한다'라고. 웃자고 올린 글에 죽자고 달려드는 것만큼 보기 흉한 것도 없지만 욕먹을 각오를 하고 딴지를 걸어야겠습니다. 이 글을 보면서 제일 먼저 떠오른 생각은 그 글을 쓴 사람이 너무 거만하다는 거였어요. 월급이 적다는 얘기를 우스갯소리로 하는 것이겠지만 뒤집어 생각하면 자신은 월급 받은 만큼 일을 하는지 의문입니다. 자신을 너무 과대평가하고 있는 것 아닌지 모르겠습니다.

절박한 사람은 절대 거만하지 않습니다. 절박한 사람은 늘 겸손합니다. 때로는 비굴해 보일 수도 있습니다. 거만한 사람은 절박하지 않은 사람입니다. 길에서 강도를 만났다고 생각해 보세요. 무슨 일인지는 모르겠지만 칼을 들고 죽여 버리겠다고 협박을 합니다. 누구라도 그 순간 마음속으로는 살아남아야겠다는 절박감을 느낄 겁니다. 잘못한 게 없어도 무릎 꿇고 두 손 싹싹 빌며 살려 달라고 애원할 겁니다. 자존심이고 뭐고 목숨이 달린 일이니 다 필요 없죠. 이런 상황에서 거만하게 행동할 사람이 있을까요? 고개 빳빳하게 세우고 '너 내가 누군지 알아? 찌르고 싶으면 찔러봐'하고 큰소리칠 수 있는 사람이 있을까요? 아주 무술 솜씨가 출중해서 칼을 든 상대방을 물리적으로 제압할 수 있는 역량이 있는 사람이 아니고 보통 사람이라면 그렇게 행동할 수 없습니다.

성장하고 발전하기 위해서는 겸손해야 합니다. 겸손한 사람은 자신의 부족함을 알고 그것을 채우기 위해 끊임없이 배우려고 합니다. 거만한 사람은 자신의 부족함을 모르기에 배우려 하지 않습니다. 쥐꼬리만큼 적은 알량한 지식을 가지고 세상의 모든 지식을 섭렵한 것처럼 거만하게 구는 사람도 봤습니다. 배우려는 사람과 배우려고 하지 않는 사람 중 누가 더 성장하고 발전할지는 보지 않아도 뻔합니다. 절박할 때는 살아남기 위해 발버둥 치지만 절박하지 않으면 살아남기 위해 발버둥 치지 않습니다. 가진 것도 없으면서 큰소리만 떵떵 칩니다.

'과하지욕跨下之辱'이라는 고사성어를 아시나요? 유방의 장수였던 한신이 유방을 만나 출세하기 전, 그러니까 동네에서 혼자 무술을 갈고닦을 때였습니다. 동네 건달들이 한신에게 싸움 좀 하냐며 시비를 걸어옵니다. 수적으로 불리한 상황인 데다 그때까지만 해도 독학으로 배운 무술 실력이다 보니 그리 솜씨가 뛰어나지는 않았습니다. 한신은 자신의 처지를 알고 싸우기를 포기합니다. 그러자 동네 건달들이 한신에게 가랑이 사이로 지나가라고 합니다. 가랑이 사이로 지나간다는 것은 죽는 것 다음으로 치욕스러운 일이었습니다. 그럼에도 불구하고 한신은 동네 건달들의 가랑이 사이를 기어 지나감으로써 목숨을 부지합니다. 자신은 미래에 큰일을 하겠다는 야망이 있었으므로 그런 사소한 일로 인해 목숨을 버릴 수는 없었던 거죠. 한신은 그러한 치욕을 견뎌냅니다.

겸손하지 않고서는 이러한 굴욕을 견뎌낼 수 없습니다. 이를 현대의 직장인들에게 비유해 볼까요? 비록 지금은 쥐꼬리만 한 월급이고 먹고 살기 힘들지만, 열심히 해서 내 몸값을 올리겠다고 생각할 수 있지 않을까요? 월급 받는 만큼만 일한다는 마음가짐을 가진 사람이 무언가를 배우려고 할까요? 그런 사람이 자기 자신을 발전시키려고 노력할까요? 절박한 마음으로 겸손하게 행동하는 것이 좋습니다. 비록 지금은 굽히고 들어가도 굽히는 것이 나중을 위해 도움 되는 일입니다.

〈위대한 여인〉
존 콜리어

성공한 젊은 부자들의 첫 번째 특징

한 사람이 페이스북의 창업자인 마크 저커버그와 같은 젊은 부자들을 분석하여 여섯 가지 특징을 끄집어냈다고 합니다. 그 특징들은 카리스마가 있다, 돈과 시간을 바꾸지 않는다, 자신의 강점을 극대화한다, 남의 눈을 의식하지 않는다, 생각하기 전에 행동한다와 같은 것이라고 합니다. 그런데 이 모든 것들을 제치고 가장 첫 번째로 나온 특징이 바로 '절박함이 있다'는 것입니다. 그들은 일을 할 때 가장 효율적인 방법으로 일을 마무리하려는 강한 욕구가 있으며 그날그날의 과업을 지체 없이 끝낸다고 합니다. 이를 위해서 주어진 시간에 최대한 집중하며 어떠한 일이 있더라도 느슨하게 일하지 않는다고 합니다. 절박함이 있을 때 일의 성과도 증폭되고 배가 된다고 하네요.

우리나라 가수로는 최초로 빌보드 차트 1위에 오른 BTS를 키워낸 사람이 앞에서도 언급한 방시혁이라고 하는 사람이죠. 그가 서울대 동문 졸업식에서 '타협 없이 하루하루를 마지막인 것처럼 달려왔다'라고 했다는군요. 그도 평범한 인간인데 '이만하면 됐다' 하면서 만족할 수도 있고 때로는 업계의 관행에 적당히 눈 감고 살아갈 수도 있었지만, 결코 자신의 꿈에서 물러나지 않았다는 거죠. 그가 BTS의 성공 비결로 꼽은 것 중 하나가 절박함입니다.

시간의 소중함을 알려주는 힘

여러분은 누군가가 나의 재산을 빼앗아 간다면 어떤 느낌이 들 것 같으신가요? 누군가 내가 애써서 모아둔 돈을 빼앗아 간다면 무척 화가 날 겁니다. 내가 나중에 먹으려고 숨겨둔 맛있는 과자를 누군가가 훔쳐 먹는다면 어떨까요? 그때도 아마 화가 날 겁니다. 잡히면 가만 안 두겠다는 다짐을 하겠지요. 그렇다면 시간은 어떤가요? 누군가 나의 시간을 몰래 빼앗아 간다면 가만있으시겠습니까? 시간이라는 것은 눈에 보이지 않는 것이다 보니 많은 사람들이 시간의 고귀함을 잘 깨닫지 못합니다. 자기 시간이 줄어드는지 아닌지 보지 못하는 거죠. 하지만 성공한 사람들은 절대적으로 시간을 아껴 씁니다. 그들은 시간이 무엇보다 귀한 자산이라는 것을 잘 알고 있기 때문입니다. 그래서 일분일초를 아껴 쓰려고 노력합니다. 절박함이 없으면 자신의 시간을 자신도 모르는 사이에 시간 도둑에게 빼앗길 수 있습니다.

어느 날인가는 아무것도 한 것이 없는데 하루가 지난 것 같은 느낌이 들 때가 있지 않으신가요? 직장에 출근해서 아무것도 한 게 없는데 어느새 점심 먹을 때가 된 경우가 있지 않으신가요? 그럴 때 여러분은 시간 도둑에게 자기 시간을 빼앗긴 것입니다. 그런데 아둔하게도 시간이 눈에 보이지 않다 보니 자신의 시간을 빼앗긴 것조차 인식하지 못합니다. 절박함이 없기 때문이죠. 절박한 사람들은 일분일초를 아껴 쓰려고 노력합니다. 절박한 사람들에게는 시간이 곧 돈이고 생명입니다. 그것을 잃으면 돈을 잃고 생명을 잃을 수 있으므로 꼭 잡고 놓치지 않으려 합니다. 시간을 허투루 쓰지 않고 자신에게 의미 있는 일에 쓰려고 발버둥을 칩니다.

변화하는 세상에서 살아남기 위해서는

박진영이라는 사람은 외모는 그리 뛰어나지 않지만, 알면 알수록 매력적인 사람인 듯합니다. 가수로 성공한 이후 프로듀서로서, 그리고 기획사 대표로서 승승장구하고 있습니다. 참으로 다재다능하고 대단한 사람이라는 생각이 듭니다. 그가 '라디오스타'라는 프로그램에 나와서 인터뷰하는 것을 본 적이 있는데 이야기 도중 자녀에게 재산을 물려주는 것에 관해 자신의 의견을 밝히더군요. 박진영 씨는 절대 자녀에게 유산을 물려주어서는 안 된다며 왜 유산을 물려주는지 이해할 수 없다고 하더군요. 이유는 간단합니다. 절박함이 있어야 살아남으려고 노력하고 그 과정에서 좋은 결과를 가져올 수 있다는 거죠. 하지만 그는 노래도 작곡도 타고난 재능을 갖추고 있습니다. 그가 성공가도를 달리는 것도 그가 가진 재능을 활용할 수 있었기 때문이죠. 반면 마땅한 재능을 가지지 못한 사람들도 있습니다. 세상 모든 사람들이 박진영 씨 같은 재능을 갖추고 있는 건 아니니까요. 그런 면에서 박진영 씨의 말이 아쉽기는 합니다.

하지만 그의 말 자체에는 깊이 공감을 합니다. 지금까지 말한 것처럼 절박함이 있어야 사람은 죽을힘을 다해 노력합니다. 그것이 도전정신을 일깨우고 변화와 혁신을 가져오며 남과 다른 길을 찾도록 만듭니다. 그리고 성공으로 인도할 수 있고요. 절박함이 때로는 피곤함으로 다가올 수도 있기에 어느 정도 만족하고 느긋하게 살고 싶을 때도 있을 겁니다. 하지만 모든 사람이 뛰는 세상에서 나 혼자만 멈춰 있다면 시간이 지나면서 내 자리는 점점 뒤로 밀려날지 모릅니다.

루이스 캐럴Lewis Carrol이 쓴 《거울 나라의 앨리스》에 레드 퀸Red Queen의 이야기가 나옵니다. 거울나라는 한 사물이 움직이면 다른 사물도 그만큼의 속도로 움직입니다. 그래서 남들과 같은 속도로 뛰면 제자리에 머물게 되고 그 자리를 벗어나기 위해서는 두 배로 빠르게 뛰어야 합니다. 절박함은 거울나라에서 두 배로 빠르게 뛰는 것과 같습니다. 비록 힘들지만, 여러분을 새로운 세상으로 인도해줄 겁니다.

절박함이 만들어낸 결과들

인류의 문명이 발달하게 된 이유

인류가 만든 4대 문명이라는 것이 있죠. 나일강을 중심으로 한 이집트 문명, 유프라테스와 티그리스강을 중심으로 한 메소포타미아 문명, 인더스강을 중심으로 한 인더스 문명, 그리고 중국의 황허를 중심으로 한 황하문명이 그것입니다. 중국에는 수많은 강이 있겠지만 우리가 알고 있는 대표적인 큰 강은 황허와 양쯔입니다. 한자로 표기하면 황하강과 양자강이죠. 황허는 중국의 북쪽에 자리 잡고 있으며 산둥성과 산시성, 간쑤성 등의 지역을 지납니다. 양쯔강은 훨씬 남쪽에 있으며 쓰촨성, 후베이성 등의 지역을 지나 상하이 부근에서 바다로 흘러 들어갑니다. 황허와 양쯔를 비교해 보면 양쯔강이 황허에 비해 남쪽에 있어서 그런

지 훨씬 기름집니다. 황허 역시 비옥한 토지를 가지고 있기는 했지만, 상대적으로 양쯔에 비해 척박하고 살기가 어려웠습니다.

아이러니하게도 인류의 문명은 기름진 양쯔강이 아니라 척박한 황허에서 탄생하였습니다. 그 이유가 뭘까요? 양쯔강은 땅이 기름지고 비옥하다 보니 작물재배가 용이하고 조금만 노력하면 큰 어려움 없이 풍요롭게 지낼 수 있었습니다. 그러다 보니 양쯔강 유역에 자리를 잡은 사람들은 현재의 상황에 만족하고 굳이 그 상황을 벗어나 더 나은 삶을 살기 위한 새로운 시도들을 하지 않았습니다. 힘들게 노력하지 않아도 먹고살 만했으니까요. 반면 황허는 북쪽에 자리 잡고 있고 척박한 땅이다 보니 작물을 심어도 잘 자라지 않고 수확도 만족스럽지 못했습니다. 강이 자주 범람해서 힘들게 심은 작물들을 순식간에 잃는 일도 많았죠. 오늘은 어찌 먹고 살 수 있었을지 모르지만 '이러다 내일은 굶어 죽을지도 모르겠는데, 이러다 살아남기 어렵겠는데'하는 위기의식이 있었죠. 그곳에 사는 사람들은 자연과 싸워 이기기 위해 열심히 노력하는 수밖에 없었습니다. 생존을 위해 절박한 심정으로 노력하다 보니 자연스럽게 기하학이나 수리학, 관개시설 등 문명이 발달하게 된 것입니다.

〈프로방스의 수확〉
빈센트 반 고흐

'죽을지도 모른다는 위기의식'과 '찬란했던 시절의 추억'

양쯔와 황허의 가장 큰 차이는 절박함에 있습니다. 한쪽은 안정되고 편안한 삶이 보장되는 지역이었고, 다른 한쪽은 미래를 장담할 수 없는 척박한 환경이었기에 그곳에 사는 사람들의 마음가짐이 다를 수밖에 없었습니다. 한쪽은 '이렇게 살아도 별문제 없겠다' 하는 마음가짐이었고, 다른 한쪽은 '이대로 살다가는 다 죽을지도 모르겠다'라는 마음가짐이었을 겁니다. 죽을지도 모르는 힘든 환경에서 살아남아야겠다는 마음가짐, 그래서 무언가 시도하고 변화하지 않으면 안 되겠다는 그 마음가짐이 바로 절박함입니다. 그 절박함이 있었기에 인류의 역사에 커다란 획을 그을 수 있는 문명이 탄생한 것이겠죠. 사람은 편안하고 안정된 상황에서는 굳이 그것을 바꾸려는 생각을 하지 않습니다. 무언가 부족한 것이 있고, 무언가 아쉬운 것이 있고, 무언가 채워지지 않는 갈증이 있어야 비로소 변화와 혁신에 관심을 가지게 됩니다. 살기 좋은 동남아의 여러 나라들이 가난하게 사는 것도 바로 그 때문입니다.

세계적인 역사학자인 아놀드 토인비Arnold Toynbee가 이런 말을 했습니다. "역사적 성공의 절반은 죽을지도 모른다는 위기에서 비롯되었고, 역사적 실패의 절반은 찬란했던 시절의 추억으로부터 시작되었다." 개인의 삶도 마찬가지라 봅니다. 현재의 삶에 만족하거나, '과거에 내가 참 잘 나갔는데', '내가 그래도 학창시절에는 공부를 꽤 잘했는데…', '내가 그래도 명문 대학을 나왔는데…' 하며 과거에 얽매여 있으면 반드시 실패한 삶으로 이어질 수 있다는 거죠. 지금의 상황을 이겨내고 지금보다 더 나은 상황으로 나아가기 위해서는 반드시 필요한 마음가짐이 절박함입니다. 직장생활을 할 때나, 사업체를 운영할 때나, 저처럼 책을 쓸 때나, 고객에게 물건을 팔기 위해 영업을 할 때나, 무슨 일을 하든 상관없이 '내가 이 일을 잘하지 않으면 끝일 수도 있겠구나', '내가 이 일을 잘 하지 않으면 살아남기 힘들 수도 있겠구나'하는 절박한 심정이 있어야 좋은 결과를 얻을 수 있습니다.

배수의 진과 파부침주

'배수의진背水陣'이라는 고사성어가 있습니다. 중국 한나라 유방의 군신軍臣이 된 한신韓信은 조趙나라 군사와 전쟁을 앞두고 군사들로 하여금 강물을 등지고 진을 치게 합니다. 일반적으로 강을 등지고 진을 치게 되면 전세가 불리해졌을 때 퇴각로가 없기 때문에 전쟁에서는 금기되는 병법 중 하나입니다. 하지만 당시 한신의 군사는 1만에 불과했고 조나라의 군사는 10만 명이나 되었습니다. 아무리 전략이나 전술이 뛰어나도 전쟁에서 숫자가 부족한 건 치명적인 패인이 될 수밖에 없습니다. 한신은 이를 잘 알고 있었기에 싸움에서 밀리면 후퇴할 수도 없어 죽음밖에 없음을 알림으로써 목숨을 걸고 최선을 다하도록 독려한 것입니다.

물러날 곳이 없던 한나라 군사들은 죽기 살기로 싸워 조나라의 10만 군사를 물리치고 결국 승리를 거머쥡니다.

항우에게도 비슷한 얘기가 있는데요, 법가주의에 입각한 진시황의 엄격한 통치와 만리장성을 쌓기 위한 토목공사로 백성들의 부담이 가중되고 민심이 동요되자, 중국 각 지역에서 반란이 일어나기 시작합니다. 진시황이 죽은 이후에 말이죠. 그중 초나라에서 봉기한 항우와 유방이 있었습니다. 초나라의 회왕은 진나라의 수도인 장안을 점령하기 위해 항우와 유방을 동시에 출정시킵니다. 그러면서 먼저 진나라를 무너뜨리는 사람을 진나라의 왕으로 삼겠다고 약속합니다. 비록 진시황에 의해 망하긴 했지만, 초나라 귀족의 핏줄을 타고난 항우는 가문의 명예를 되살리겠다는 절박한 심정을 가지고 진나라 수도를 향해 나아갑니다. 그러던 중 항우가 쥐루鉅鹿를 포위하고 있던 장한을 맞서 싸우기 위해 장하를 건넙니다. 강을 건너자마자 항우는 타고 온 배를 부수어 가라앉힙니다. 게다가 싸가지고 온 솥마저 모두 깨뜨려버리고 맙니다. 병사들에게는 겨우 3일 치의 식량만 나눠주고요. 여기에서 유래한 사자성어가 파부침주破釜沈舟, 즉 솥을 깨고 배를 가라앉힌다는 것입니다. 솥이 없으면 밥을 해 먹을 수 없습니다. 쫄쫄 굶을 수밖에 없죠. 배가 없으면 강을 건너왔던 길로 돌아갈 수 없습니다. 퇴각로가 끊기는 거죠.

파부침주는 더 이상 물러날 길이 없으니, 병사들로 하여금 죽기 살기로 싸우라는 항우의 의지를 보여준 것이라 생각할 수 있습니다. 굶어 죽거나 강에 빠져 죽을 수밖에 없던 군사들은 살아남기 위해 결사적으로 싸웁니다. 결국 항우의 군대가 진나라의 군대를 물리치고 승리를 거머쥡니다. 만일 항우가 강을 건너 돌아갈 수 있게 배를 남겨두고, 몇 달이 계속될지 모를 싸움에 대비하여 넉넉한 양식을 남겨두었다면 그 싸움에서 패했을지도 모릅니다. 장한의 군사가 그리 만만하지 않았거든요. 죽기를 각오하고 최선을 다했기 때문에 승리했던 것입니다. 절박함에 처했을 때 인간은 자기 내면에 있는 모든 역량을 끌어모아 그 상황을 헤쳐 나가기 위해 최선을 다하게 됩니다. 하면 좋고 안 해도 큰 영향이 없는 상황이라면 절박한 심정이 생길 리 없고 죽기 살기로 달려들려고 하지 않겠죠.

이순신 장군의
승리 비결

이순신 장군만큼 우리나라에서 존경을 받는 역사적 인물도 드물 것입니다. 그분은 세계 4대 해전사의 주인공이기도 할 만큼 뛰어난 전공을 기록했는데 그중에서도 백미는 12척의 배로 133척의 적선을 맞아 큰 승리를 거둔 명량해전일 것입니다. 133척의 배라고 하면 바다 위에 온통 적선들로 새까맣게 뒤덮여 있던 상황일 겁니다. 단지 12척의 배로 그 상황에서 승리를 거두었다는 것은 말 그대로 신의 경지에 오른 것이 아닐까 합니다. 그런데 명량해전의 승리가 단순히 운이 좋았거나 지략이 뛰어나서 얻은 결과일까요?

승리의 배경에는 이기지 않으면 나라를 내줄 수밖에 없다는 절박함이 자리하고 있었습니다. 자신이 왜적들을 바다에서 막아내지 못하면 호남이 뚫리고, 호남이 뚫리면 한양까지 가는 모든 길목이 뚫리고, 그리되면 전쟁에서 이길 가능성은 희박하여 조선은 속절없이 왜나라의 속국이 될 수밖에 없다는 것을 알기에 이순신 장군은 반드시 그 길을 지켜내지 않으면 안 된다는 절박감을 마음에 새겼습니다. 좌우명처럼 말씀하신 '필사즉생필생즉사必死卽生必生卽死'는 그러한 절박함을 나타내는 것이라 할 수 있습니다. 그분 역시 절박함이 있어야 살아남을 수 있다는 것을 알고 계셨던 것이죠. 그 절박감이 그에게 승리할 수 있는 지략을 떠올리게 했을 것이고, 그 절박감이 죽음을 두려워하지 않고 적군과 맞서 싸울 수 있는 용기를 심어주었을 것이고, 그 절박감이 세계 해전사에 길이 빛날 승리를 이끈 원동력이 되었던 것이죠.

베트남이 미국이라는 골리앗을 물리칠 수 있었던 이유

근현대사에서도 절박함의 사례를 찾을 수 있습니다. 전 세계에서 미국이라는 나라와 1:1로 맞붙어 싸워서 이길 수 있는 나라가 있을까요? 아마도 없을 겁니다. G2를 운운할 정도로 강대국으로 성장한 중국조차도 전면전이 발생한다면 미국에 손을 들고 말 것입니다. 하물며 베트남처럼 힘없는 나라는 오죽하겠습니까? 하지만 베트남은 30여 년에 걸친 미국과의 전쟁에서 결국 승리를 쟁취하고 맙니다. 미국은 사실 베트남전에 끼어들 뚜렷한 명분이 없었습니다. 프랑스에서 영국, 다시 프랑스로 이어진 식민지 베트남에서 얼떨결에 전쟁에 뛰어들게 되었죠. 당시 공산주의를 혐오하던 매카시즘의 열풍 탓도 있습니다. 베트남을 막아내지 못하면 인도차이나반도 전체가 공산주의자들의 손에 넘어갈 수도 있었으니까요. 어쨌든 명분이 뚜렷하지 못하다 보니 미국에게 베트남전은 꼭 이겨야만 할 절박함이 없었던 싸움입니다. 단순히 미국이 베트남을 점령하면 '미국처럼 되고 싶어 하는' 베트남 사람들에게 환영을 받을 것이라는 착각 속에 사로잡혀 있었습니다.

반면에 베트남은 사정이 달랐습니다. 1887년에 프랑스 식민지가 된 후, 오랜 시간 동안 외세의 침략과 지배 속에 살았습니다. 해방의 욕망이 그 누구보다 높았죠. 눈물과 고난 속에서 자유해방에 대한 갈증이 폭발 직전에 있었습니다. 미국과의 전쟁에서 지면 독립을 이루어 낼 수 없고 또다시 언제 끝날지 모를 식민지 생활이 이어질 수 있다는 두려움이 컸습니다. 우리는 베트남 전쟁을 베트남 내부의 이념전쟁 정도로 여기고 있지만 알고 보면 미국은 식민지 지배에 대한 욕심을 냈던 것이고 베트남은 자주독립을 꿈꾼 싸움입니다. 일본의 지배에서 해방되기 위해 우리나라의 독립군들이 일본군과 맞서 싸운 것처럼 베트남 사람들도 자신들의 독립을 위해 싸운 겁니다. 결국 베트남의 그러한 절박감은 압도적인 화력의 차이에도 불구하고 승리를 이끌어냅니다.

미국은 절박함이 없다 보니 베트남 전쟁에서도 최선을 다하지 않습니다. 당시 북베트남을 기반으로 한 베트콩의 군인 숫자, 그들이 보유하고 있는 무기 등을 기반으로 동원할 수 있는 화력을 계산한 후 그 몇십 배에 해당하는 화력을 베트남에 집중적으로 쏟아붓습니다. 폭격기를 동원하여 공중에서 어마어마한 폭탄을 땅으로 퍼부은 거죠. 미군의 폭격기가 휩쓸고 지나간 지역은 당연히 폐허가 되다시피 했습니다. 전쟁의 총지휘도 현장이 아닌 워싱턴에서 합니다. 그러나 자유해방에 대한 갈망이 절박했던 베트남은 미국의 무시무시한 공격에도 아랑곳하지 않고 항전합니다. 지하에 땅굴을 파고 그곳에서 생활하며 그 모든 폭격을 견뎌냅니다. 지금도 베트남의 관광명소로 구찌터널 등이 남아 있지만 그 안에 들어가 보면 겨우 기어서 이동할 만한 통로로 연결된 지하세계가 남아 있습니다. 그 안에 먹고 잘 수 있는 공간은 물론 병원이며 학교도 있습니다.

얼마나 절박했으면 그들이 그런 지하세계를 건설했을까요? 빛도 들지 않는 깜깜한 땅속에서 버틴다는 게 쉬운 일이 아니죠. 폐소공포증이 있는 사람이 느끼는 공포 같은 것이 몰려들지도 모를 일입니다. 하지만 베트남군은 그런 열악한 환경 속에서도 미군을 두려워하지 않고 싸웁니다. 이 전쟁에서 베트남 정규군 13만 6천여 명이 사망하고 민병대와 민간인을 합쳐 270만 명이 사망합니다. 부상자도 60만이나 발생했죠. 반면 미군은 5만 8천명이 사망하고 30만 6천 명이 부상당했으며 실종자가 1,800여 명이 생깁니다. 미국에 비해 베트남의 인명피해는 상상할 수 없을 정도로 크지만 그럼에도 그들은 끝까지 항복하지 않고 버텨냅니다. 그러자 시간이 지나면서 미군은 베트남군을 두려워하게 됩니다. 미군 중 무려 70만 명이 전쟁 후에도 정신질환에 시달리게 되었다고 하는군요. 베트남이 미국이라는 골리앗을 물리치고 승리하게 만든 요인은 조국의 독립이라는 절박함입니다.

〈타이거〉
프란츠 마크

디엔비엔푸의 승리

미국과의 전쟁이 있기 전, 베트남은 프랑스군과도 큰 전투를 벌입니다. 바로 디엔비엔푸라고 하는 곳에서인데요, 이곳은 베트남의 북부, 밀림지역의 한가운데에 있는 지역입니다. 빽빽한 밀림으로 둘러싸인 곳에 프랑스는 요새를 쌓고 비행기로만 접근할 수 있도록 활주로를 건설합니다. 한 마디로 베트콩의 입장에서는 접근하기조차 힘든 난공불락의 요새였던 셈이죠. 이곳을 공격하고 싶어도 비행기가 없으니 공중에서의 공격이 불가능하고, 육로를 통해 공격을 하자니 밀림지대라 이동이 불가능합니다. 사람은 어찌어찌 이동한다고 하지만 화력을 뒷받침해 줄 수 있는 대포 같은 대형화기는 이동이 불가능했죠. 그렇다고 포기할 수는 없었습니다. 베트남은 독립이 절박했으니까요. 그래서 고안해 낸 방법이 중화기를 모두 분해한 후 사람이 짊어진 채 이동하거나 짊어질 수 없이 무거운 것은 끌고 가는 겁니다.

걷기도 힘든 열대 산림지대의 산꼭대기로 포를 떼서 옮긴다고 생각해 보세요. 그것도 낮에는 프랑스의 항공정찰을 피하기 위해 숨어 있다가 밤에만 이동했다고 합니다. 기록에 의하면 하루에 10미터씩 이동했다고 하는군요. 무거운 포를 한 번에 10cm씩 끌어서 말입니다. 생각만 해도 불가능해 보이는 그 일을 베트콩들은 해냅니다. 대단한 인내력이 아닐 수 없고 그 인내력은 절박함이 만들어낸 거죠. 결국 디엔비엔푸의 프랑스 요새가 사정거리에 들어오자, 그들은 손으로 날라 온 야포와 대공포를 조립합니다. 그리고 일시에 모든 화력을 집중합니다. 결국 이 싸움에서 프랑스는 요새를 빼앗기고 베트남에서 손을 들고 물러나게 됩니다. 절박함이 불가능을 가능으로 만들어 주었고 결국 베트남은 꿈에도 그리던 독립을 쟁취하게 됩니다. 만일 제가 베트남 국민이었다면 그 일을 두고두고 자랑스럽게 여길 것 같습니다.

일본 시장에서의 라인의 성공

시대가 바뀌다 보니 어느덧 IT 환경도 PC에서 모바일로 바뀌었습니다. 기회를 놓치지 않고 대부분의 IT 업체들은 구동환경을 PC에서 모바일로 바꾸었습니다. 그 변화하는 환경을 따라가지 못해 결국 사라지고 만 것이 싸이월드입니다. 끝까지 모바일이 아닌 PC 환경을 고집하다가 변화의 급류를 이겨내지 못하고 떠내려가고 만 셈이죠. 네이버에서 만든 라인도 PC에서 모바일로 바뀌는 환경에 제대로 대처를 하지 못했습니다. 그러다 보니 시장을 선점한 기업이 카카오입니다. 카카오톡에 국내시장을 모두 빼앗겨 버리고 만 것이죠.

절박해진 이해진 전임 네이버 의장은 라인을 살리기 위해 해외시장으로 진출합니다. 이미 빼앗긴 국내시장을 포기하고 아직 가능성이 있는 해외시장을 공략한 것이죠. 결국 라인은 일본의 대지진 때도 무리 없이 통신이 되었고 일본에서 국민 메신저로 자리매김합니다. 살아남기 위한 절박함이 라인을 성공시킨 원동력이 된 셈인데 이는 이해진 의장이 직접 한 말이기도 합니다. 이쯤 해서 다시 아놀드 토인비의 이야기를 되새겨볼 필요가 있겠습니다. 네이버는 절박한 위기의식이 있었기에 일본과 대만 등 동아시아 국가들과 미국에서 성공을 거두었고, 카카오는 국내에서의 화려한 성공에 취해 미처 글로벌 시장 진출을 준비하지 못한 것이 아닌가 합니다.

'본죽'의 탄생 비화

《대한민국 장사천재들》이라는 책에 '본죽' 대표인 김철호 씨의 이야기가 나옵니다. 그분은 원래 무역업체 대표였는데 잘나가던 회사가 외환위기 때 문을 닫으면서 실업자 신세가 됐다고 합니다. 수중에 모아 놓은 돈도 별로 없고, 변변한 요리 기술도 없었기에 할 수 있는 것이라고는 별로 없었습니다. 그래서 처음 선택한 게 호떡 노점이었다는군요. 직업에는 귀천이 없다지만 길거리 호떡 노점장사를 가치 있게 보는 사람은 없을 겁니다. 그럼에도 불구하고 그는 더 이상 물러설 곳이 없다는 절박한 심정으로 모든 체면과 위신을 던져버리고 호떡 노점상에 전력을 다했다고 합니다. 그런 힘든 과정을 이겨내고 매출 2,000억 원대의 '본죽' 프랜차이즈 대표가 된 거죠.

그분은 '음식 장사를 하겠다고 마음먹었을 무렵, 내 삶은 벼랑 끝에 놓여 있었습니다. 더는 물러날 곳이 없다는 절박함이 매 순간 나를 짓눌렀고, 그것은 성공에 대한 간절함으로 이어졌습니다'라고 말합니다. 그가 성공할 수 있었던 가장 큰 이유로 탁월한 요리 기술도, 영업 수완도, 홍보 역량도 아닌 절박함을 꼽습니다. 아무도 거들떠보지 않는 죽 메뉴로 가게를 차릴 때도, 절박함을 갖고 있었기에 새로운 시장에 도전할 수 있었다고 합니다. 만약 그가 차선책을 선택할 여유가 있었다면, 환자들이나 먹는 죽을 파는 가게를 차릴 생각을 할 이유가 없었다고 하는군요. 김철호 사장은 쫄딱 망해 봐야 재기도 제대로 할 수 있다고 말합니다. 더 이상 물러설 수 없을 정도로 망했을 때 비로소 절박함이 생긴다는 거죠. 비록 더 이상 물러날 곳 없이 쫄딱 망한 상태는 아니라 해도 여러분도 그런 마음으로 하루하루를 살아보는 건 어떨까요?

온 마음을 다해 절박하게 느끼기

노무현 정부 시절 문화관광부 장관을 지냈던 이창동 씨가 영화감독으로 복귀하면서 소설가 조선희 씨와 대담을 하는 중 이런 말을 했다고 합니다. '무인도에서 구원의 글귀 하나 써가지고 병에 집어넣어서 코르크 마개를 닫고 바다에 던지는 심정이 돼야 해. 누구 하나라도 이걸 주워 봤으면 좋겠다…에서 시작하는 것 아닌가?' 이 글은 〈씨네 21〉이라는 잡지에 실린 내용을 가져온 것입니다. 누구한테 한 얘기일까요? 신인작가들에게 한 말입니다. 영화감독을 거쳐 장관 자리에 올랐지만, 이창동 씨는 처음에는 소설가로 출발을 했죠. 작가로서 성공하고 싶은 사람은 무인도에 표류하여 누군가 구해주지 않으면 안 되는 상황에서 살아남기 위해 최선을 다하는 심정으로 절박하게 글을 써야 한다는 의미일 겁니다. 절박함이라고 해서 다 같은 것이 아닙니다. 살이 빠지길 바라는 마음과 살을 빼지 않으면 죽을 수도 있다는 마음이 같을 수 없습니다. 둘 다 절박하다고 하더라도 후자의 절박함이 더 강렬할 것입니다. 이왕이면 후자의 마음가짐을 가지세요.

'내가 이걸 하지 않으면 내 미래는 없을 수 있다'라는 심정이 들면 온몸과 열정을 다해 지금 하는 일을 성공시키기 위해 전력을 다하게 될 겁니다. 소설가로 데뷔한 신인작가가 '그냥 한 번 써보자. 되면 좋고 안 되면 말고' 식으로 글을 쓴다면 좋은 결과가 나올 수 없습니다. 반드시 독자들에게 울림을 주고 공감을 줄 수 있는 글을 쓰겠다고 생각하면 비로소 좋은 글이 나올 수 있습니다. 절박하게 절박함을 떠올리세요. 그냥 머리만으로 절박하다고 여기지 마시고 온 마음을 다해 절박함을 느껴보세요. 살아남을 수 있는 길이 보일 겁니다.

제3장.

미친 실행력

실행력이란 무엇인가?

인내력과 절박함이
꽃을 피우려면?

인생을 성공적으로 살아가기 위한 마음가짐으로 인내력과 절박함이 필요하지만, 그것만으로는 충분하지 않습니다. 그건 어디까지나 마음가짐일 뿐, 마음만 먹는다고 달라질 수 있는 건 없으니까요. 마음먹은 것을 결과로 만들어낼 수 있는 실질적인 힘이 필요한데 그게 바로 실행력입니다. 아무리 인내력을 발휘할 수 있고, 아무리 절박한 심정을 가져도 실행력이 따라주지 않는다면 얻을 수 있는 성과는 아무것도 없습니다.

실천되지 않는 생각은 연기와 같습니다. 바람이 불면 훅하고 허공으로 사라져 버리는 거죠. 머릿속에 떠도는 생각이 바람에 날아가지 않게 하기 위해서는 그것을 단단히 붙잡아 두어야 하는데 생각을 붙잡아 둘 수 있는 유일한 수단이 바로 실행력입니다. 그러니 인내력과 절박함이 달콤한 열매로 맺기 위해서는 실행력을 갖추어야 하겠죠.

부자와 가난한 사람의 차이

여러분 모두 큰돈을 벌고 싶으실 겁니다. 저 역시 그렇습니다. 그런데 왜 누군가는 큰돈을 벌고 누구는 여전히 가난한 삶을 살까요? 여러 가지 요인이 있겠지만 부자와 가난한 사람을 가르는 요인 중 하나는 실행력입니다. 실행력이 뛰어난 사람들 중 가난한 사람은 있어도 부자들 중 실행력이 약한 사람은 없더군요. 타고난 금수저가 아닌 이상 말입니다. 대부분의 부자들은 무언가 좋은 아이디어가 떠오르면 머릿속으로만 공상하지 않고 당장 그것을 실천으로 옮기려고 합니다. 일단 실행에 옮기고 장애물을 만나면 그 장애물을 극복할 방법을 생각합니다.

반면에 가난한 사람들은 좋은 아이디어가 떠오르면 머릿속으로 생각만 합니다. 실행도 해보기 전에 머릿속에서 장애물부터 생각합니다. 실행으로 옮겨지지 않는 아이디어가 소용이 있을까요? 그건 그림 속의 떡이나 다를 바 없습니다. 잠깐 기분만 좋게 만들어줄 뿐입니다. 그것이 돈으로 연결되기 위해서는 생각을 구체화하고 현실로 구현하기 위한 노력이 필요합니다.

실패와 성공의 갈림길

머릿속의 생각이 행동으로 옮겨지려면 마음가짐이 달라야 합니다. 성공한 사람들과 그렇지 않은 사람들은 마음가짐에서도 차이가 납니다. 성공한 사람들은 무슨 일을 하든 될 수 있는 쪽에 초점을 맞춥니다. 세상에 해결하지 못할 일은 없다고 생각합니다. 테슬라의 CEO인 일론 머스크Elon Musk는 달나라에 사람을 보내 살 수 있도록 하겠다는 말도 안 되는 일을 뚝심 있게 해 나가고 성과를 내고 있지 않습니까? 이처럼 큰 성공을 이룬 사람들에게는 나폴레옹의 말처럼 불가능이란 없어 보입니다. 불가능이 없으니 될 수 있다고 생각하는 거죠.

반면에 성공하지 못한 사람들은 안 되는 쪽에 더욱 초점을 맞춥니다. 처음부터 '이건 이래서 안 되고 저건 저래서 안 돼'라며 실패할 경우를 대비해 합리화할 구실을 찾습니다. '이걸 하려면 돈이 많아야 하는데 내가 돈이 어딨어?'라거나 '내 주제에 이걸 어떻게 해?'라면서 자신의 능력부족을 탓하거나 '이건 죽었다 깨어나도 못해'라며 실패를 기정사실화 합니다. '무엇이든 할 수 있다. 불가능한 일은 없다'라고 생각하는 것과 '이건 안 될 거야'라고 생각하는 것에는 하늘과 땅만큼이나 큰 차이가 있습니다. 성공에 초점을 맞추면 장애물이 나타나도 그것을 극복할 수 있는 방안을 찾으려고 노력하게 됩니다. 실패에 초점을 맞추면 장애물이 나타났을 때 그것을 핑계 대고 주저앉으려 합니다. 할 수 있다고 생각하면 실천으로 옮겨지지만 할 수 없다고 생각하면 행동으로 옮겨질 수 없겠죠. 그래서 성공과 실패를 가르는 것은 좋은 아이디어일 수도 있지만 행동으로 옮기느냐 아니냐가 될 수도 있습니다.

〈영원의 문에서〉
빈센트 반 고흐

실패는 성공으로 가는 징검다리

실행을 가로막는 요인 중 하나는 실패에 대한 두려움입니다. '이걸 했다가 실패하면 어쩌지?' 하는 두려움이 실행을 주저하게 만드는 거죠. 하지만 실패를 두려워해서는 성공에 이를 수 없습니다. 실패에 대해 좀 더 대담한 시각으로 대할 필요가 있습니다. 한편으로 보면 실패는 성공으로 가는 징검다리 같은 것입니다. 한 번 실패할 때마다 '이 방법은 안 되는구나'라는 것을 알 수 있게 되고 그것을 피해 다른 방법을 선택할 수 있죠. 그런 것들이 모이면 성공으로 가는 징검다리가 완성될 수 있습니다. 코로나와 같은 질병을 치료하는 약을 만들려면 수많은 시도를 해봐야 합니다. 실패하고, 실패하고 또 실패하면서 점점 성공에 가까워질 수 있습니다. 실패하지 않고 성공에 이르려고 하는 건 첫술에 배부르길 바라는 마음과 다를 바 없습니다.

앨런 튜링Alan Turing 은 컴퓨터의 시초가 된 튜링 기계를 만들어낸 사람입니다. 스티브 잡스가 우상으로 여긴 사람이기도 합니다. 얼마나 존경하면 애플사의 로고를 '앨런 튜링의 사과'로 만들었을까요? 앨런 튜링은 2차 대전 당시 독일군의 암호체계인 애니그마를 풀어내기 위한 암호해독 팀의 일원이 됩니다. 하지만 애니그마는 무척 정교하게 만들어낸 암호체계여서 인간의 힘으로는 풀 수 없었습니다. 경우의 수가 너무 많아서 암호를 해독하기도 전에 새로운 암호로 바뀌었던 거죠. 이 문제를 해결하기 위해 앨런 튜링은 인간의 연산속도보다 빠른 기계를 고안해 냅니다. 그것이 튜링 기계이고 훗날 컴퓨터의 시초가 되죠. 영화 〈이미테이션 게임〉에서도 그의 이야기를 볼 수 있는데 튜링 기계가 완성될 때까지 수없이 많은 실패가 반복됩니다. 하지만 앨런 튜링은 성공할 수 있다는 확신을 가지고 끝까지 포기하지 않고 밀어붙입니다. 실패가 반복될수록 성공이 가까워지고 마침내 애니그마를 해독할 수 있는 기계가 완성됩니다. 이로 인해 앨런 튜링은 수많은 사람들의 목숨을 구해내고 전쟁을 승리로 이끌게 됩니다. 그가 실패를 두려워했다면 시도조차 하지 않았을 것이고 어쩌면 2차 대전은 독일의 승리로 돌아갔을지도 모릅니다.

세상에 존재하는 모든 문명, 세상에 존재하는 모든 이기利器는 실패를 통해 만들어낸 결과물입니다. 실패해야 비로소 성공의 방법을 터득할 수 있습니다. 실패를 두려워하면 결코 성공의 방법을 터득할 수 없습니다. 실패에 대한 두려움을 떨치는 것, 그것이 바로 실행력을 높이는 방법입니다.

미친 실행력

성공한 사람들이라고 해서 실행력이 다 같은 것은 아닙니다. 성공한 사람들 중에서도 실행력의 크기는 차이가 납니다. 30억 부자와 1,000억 부자는 실행을 대하는 태도가 다릅니다. 예외도 있겠지만, 일반적으로 성공의 크기는 실행력의 크기와 비례하는 것 같습니다. 물론 다 그런 것은 아니지만 대체로 실행력이 뛰어난 사람일수록 더욱 큰 성공을 품에 안는 것 같습니다. 큰 그릇에는 많은 음식을 담을 수 있지만, 작은 그릇에는 적은 음식밖에 담지 못하는 것과 다를 바 없습니다. 하이 리스크, 하이 리턴high risk, high return인 셈이죠.

게을러서 혹은 하기 싫어서 아무것도 못 하는 사람들은 아무것도 얻지 못합니다. 마지못해 억지로 무언가를 하는 사람들은 딱 필요한 만큼만 얻습니다. 때로는 원하는 만큼도 얻지 못할 때도 있습니다. 실행만 하면 콩고물이라도 떨어질 텐데 아무것도 하지 않으니, 그것조차 얻지 못하는 거죠. 원하는 것을 얻기 위해 적극적으로 나서는 사람들은 소극적인 사람들에 비해 훨씬 큰 성과물을 얻을 수 있습니다. 앞뒤 안 가리고 적극적으로 뛰어드는 사람들은 가장 큰 성과를 얻을 수 있습니다. 그래서 실행력 중에서도 '저 사람 미친 거 아냐?' 싶을 정도로 적극적인 실행력이 필요합니다. 이걸 미친 실행력이라고 하죠.

실행력을 높이는 절박함

실행을 할 때는 절박한 심정으로 해야 합니다. 절박해야만 실행력이 높아질 수 있습니다. 절박하지 않은 마음은 실행력에 걸림돌이 될 수 있습니다. '오늘은 좀 피곤한데 쉬고 내일부터 할까?'라며 내 안의 사악한 원숭이에게 말을 거는 거죠. 심리학자들 말에 따르면 누구나 마음속에 이런 원숭이가 산다고 합니다. 원숭이는 '그래. 그거 좋은 생각이네. 오늘은 쉬고 내일부터 해'라며 뇌를 꼬드깁니다. 당장 하지 않아도 아쉬울 것이 없으니, 뇌는 그 꼬임에 쉽게 넘어갑니다. 주도권을 원숭이에게 넘겨주고 편히 쉽니다.

하지만 절박한 마음이 있으면 뇌는 원숭이의 꼬임에 넘어가지 않습니다. 내일이 졸업논문 마감일인데 아직 논문을 다 완성하지 못했다고 해보죠. 아무리 원숭이가 뛴다고 한들 넘어갈 수 있을까요? 데드라인 효과라는 것이 있습니다. 데드라인에 가까워질수록 뇌는 집중력을 발휘하도록 만들어줍니다. 집중력이 높아지면 실행력도 따라서 올라갈 수밖에 없습니다. 무언가를 실행하려고 할 때 절박함을 가지고 시작하세요.

〈At the Rudder〉
크리스찬 기록그

실행력과 인내력은 한 세트

일단 무언가를 실행하고 나면 그다음에 필요한 게 인내력입니다. 인내력이 없으면 장기적인 시간이 소요되거나 자신의 능력에 벅차게 느껴지는 일은 도중에 그만두게 되어 있습니다. 누구나 편안한 상태로 돌아가고 싶은 회귀본능이 있으니까요. 여기에서도 뇌 안의 원숭이가 장난을 칩니다. '야, 뭘 그렇게 힘들게 해. 좀 편히 지내', '그동안 열심히 했잖아. 그러니까 오늘은 딱 술 한 잔만 하자'라며 계속 말을 걸어옵니다. 인내력이 부족하면 원숭이의 말에 홀딱 넘어갈 수밖에 없습니다. 힘들게 다이어트를 하다 머릿속에 있는 원숭이의 꼬임에 빠져 닭다리를 뜯어본 경험이 한두 번쯤은 있지 않으신가요? 그러면 지는 겁니다. 부러우면 지는 것이 아니라, 뇌 안의 원숭이의 말에 넘어가면 지는 겁니다.

무언가 실행할 때는 반드시 끝을 보고야 말겠다는 굳은 결심이 필요합니다. 절박한 심정으로 인내력을 가지고 어떠한 유혹이 있어도 이겨내는 것, 결과가 나올 때까지 그치지 않고 밀어붙이는 것, 그것이 바로 진정한 실행력입니다.

평생을 독신으로 산
임마뉴엘 칸트

모든 일을 할 때 성과를 내기 위해서는 완벽해야 한다고 여기는 경향이 있습니다. 제가 강의에서 만난 한 사업가는 전 재산을 털어 사업을 시작한 후, 3년이 넘도록 계속 고민만 하고 있더군요. 흠잡을 데 없는 완벽한 제품이 만들어질 때까지 기다리는 것이죠. 하지만 세상에 완벽이란 존재하지 않을 수도 있습니다. 무엇이 완벽한 건가요? 오히려 완벽을 추구하다가 기회를 놓칠 수도 있습니다.

임마뉴엘 칸트Immanuel Kant라는 분을 아시죠? 독일 관념 철학의 기반을 확립하고 근대 계몽주의를 정점에 올려놓았다고 평가받는 분입니다. 이 분의 단점은 완벽주의자였다는 거죠. 매일 아침 1분 1초도 틀리지 않고 같은 시간에 아침 식사를 하고, 매일 같은 시간에 같은 속도로 마을을 산책하곤 했는데 마을 사람들은 그가 지나는 것을 보고 시계를 맞출 정도였다고 합니다. 이분이 젊은 시절 이성에게 꽤 인기가 높아 청혼하려는 여자들이 많았다고 합니다. 하지만 칸트는 그런 청혼에 대답을 하지 않았습니다. 어느 날, 한 여인이 칸트를 찾아와 자신과 결혼할지 말지를 결정해달라고 최후통첩을 날리고 돌아갔습니다. 칸트는 그 길로 도서관으로 간 후, 결혼에 관한 책들을 찾아 읽기 시작했습니다. 그리고 결혼을 해야 하는 354가지 이유와, 결혼을 해서는 안 되는 이유 350가지를 찾아냈죠. 비록 근사한 차이지만 결혼을 해야 하는 이유가 더 많았으므로 칸트는 결혼을 하기 위해 바로 그 여인을 찾아갔다고 합니다. 하지만 여인은 이미 결혼한 후였고 두 명의 자녀를 거느린 상태였습니다. 여인이 칸트를 찾아와 청혼한 것은 벌써 7년 전의 일이었기 때문입니다. 칸트는 평생 독신으로 살았다고 하는데 만일 그가 그렇게까지 완벽을 추구하지 않았다면 결혼을 못 하고 죽지는 않았을지도 모릅니다.

흠없이 일처리를 하려고 하는 것은 바람직합니다. 하지만 세상에 완벽한 것은 없습니다. 지나치게 완벽을 추구하다 보면 오히려 기회를 잃을 수 있습니다. 국민MC라고 하는 유재석 씨가 처음부터 완벽한 MC는 아니었습니다. 처음에는 너무나 재미가 없어서 보기만 해도 짜증이 날 정도였습니다. 하지만 하다 보니 재능이 돋보이게 되었고, 그 재능을 발견하고 키워준 사람이 있다 보니 자신감을 가지게 되었고, 자신감이 재능을 더욱 돋보이게 만들어 주었고, 그러한 과정이 되풀이되다 보니 오늘날의 그가 있게 된 것이겠죠. 완벽을 추구하되, 완벽에 집착하지 마세요. 완벽해서 시작하는 것이 아니라, 하다 보면 완벽해질 수 있습니다.

뒷머리가 대머리인 기회의 여신

사람에게는 평생 3번의 큰 기회가 온다는 말이 있죠? 저는 그 말이 옳지 않다고 생각합니다. 살아보니, 기회는 매일매일 찾아오는 것 같습니다. 준비되지 않았기 때문에 우리가 그 기회를 보지 못하고 놓치고 있을 뿐. 대학교 때 교양으로 들은 한문 과목을 맡은 선생님께서 해주신 말씀이 있습니다. 옛 그리스의 시라쿠사 거리에 '기회의 여신'이라고 하는 오카시오의 동상이 서 있습니다. 이 여신은 앞머리는 숱이 무성하지만 뒷머리는 대머리입니다. 게다가 발에는 날개가 달려 있습니다. 참 특이하게 생겼죠? 기회의 여신이 앞머리가 무성한 이유는 기회가 다가왔을 때 손쉽게 낚아챌 수 있게 하기 위해서이고, 뒷머리가 대머리인 이유는 기회가 지나가면 다시는 붙잡을 수 없게 하기 위해서랍니다. 발에 날개가 달린 이유는 기회를 놓쳤을 때 최대한 빨리 사라지기 위해서죠. 기회를 나타내는 영어 단어 occasion도 오카시오Occasio에서 유래했다고 하는군요.

주저하는 사람들은 기회의 여신을 잡을 수 없습니다. 한 번 지나간 기회는 잡을 수 없습니다. 아무리 땅을 치고 후회해도 지나친 기회의 여신은 두 번 다시 되돌아오지 않습니다. '내가 그때 그 주식을 샀어야 하는데…', '내가 그때 그 땅을 샀어야 하는데…', '내가 그때 그 일을 했어야 하는데…' 어디서 많이 들어본 말들 아닙니까? 모두들 성공하지 못한 사람들이 입버릇처럼 하는 말입니다. 성공한 사람들이 그런 말을 하는 것을 저는 단 한 번도 본 적이 없습니다. 그러니 망설이지 마세요. 지나간 기회는 다시 올 수 없습니다.

〈승리한 영웅이 오카시오를 데리고 평화를 이루다〉
피터 폴 루벤스

지식과 경험을 통해 통찰력을 발휘하게 하는 힘

그런데 실행력을 높여야 하는 이유를 또 다른 관점에서 말씀드리려고 합니다. 실행력이 성과를 만들어내는 데 절대적으로 유리한 것은 맞지만, 다른 한편으로는 경험을 축적할 수 있다는 겁니다. 세상을 살아가는 데 있어 경험보다 좋은 것은 없습니다.

한 회사에서 신사업을 하기로 했습니다. 신사업에 대한 지식이 많은 사람과 경험이 많은 사람 중 누가 더 실질적인 도움이 될 수 있을까요? 당연히 지식 많은 사람보다는 경험 많은 사람이 도움이 될 수 있습니다. 지식이 많은 사람은 이론으로는 모든 문제를 잘 해결해 나갈 수 있지만 필드에서 일어나는 현실적인 문제는 제대로 대응하지 못하거나 해결하지 못합니다. 경험이 많은 사람은 원리와 같은 이론적인 지식에는 약할지 모르겠지만 실제 필드에서 일어나는 현실적인 문제를 내다보고 적합한 해결책을 제시할 수 있습니다. 경제전문가들이 말은 잘하지만 돈 번 사람은 없다는 이야기가 이를 대변하는 것 아닐까요?

성과를 내기 위해서는 지식보다 경험이 더 중요합니다. 경험을 얻으려면 실행이 동반되어야 합니다. 지식을 쌓지 말고 실행에 옮기세요. 성과는 저절로 따라올 수 있습니다.

실행력은 왜 필요한가?

업무성과를 가르는 실행력

저는 직장생활을 하는 25년 동안 줄곧 기획업무만 해 왔습니다. 기획업무를 잘하려면 어떤 요소들이 필요할까요? 정보를 수집하고 분석해서 대안을 도출하는 전략적 사고, 나의 생각을 논리적으로 전달할 수 있는 문서화 능력, 상사와 주변부서의 협조 또는 협상을 통해 승인을 이끌어낼 수 있는 소통 능력, 그리고 실질적인 결과를 얻어낼 수 있는 실행력 등이 필요합니다. 이 중 가장 중요한 요소는 무엇일까요? 많은 사람들이 '그래도 기획이라고 하면 사고 아니겠어?'하며 전략적 사고를 가장 중요한 요소로 꼽습니다. 기획이 사고의 출발이라는 측면에서 보면 틀린 얘기는 아닙니다. 하지만 이렇게 한번 생각해 보면 어떨까요? 기획

부서에 아주 능력 있기로 소문난 경력사원이 입사했습니다. 외국 대학에서 석사과정까지 마치고 문서작성 솜씨나 주변 사람들과의 소통 실력도 아주 출중합니다.

한 가지 약점은 실행력이 아주 낮다는 겁니다. 이 친구의 기획역량은 높을까요, 낮을까요? 이 친구의 기획역량은 전략적 사고와 문서화 능력, 소통능력, 그리고 실행력의 곱으로 나타납니다. 네 가지 요소의 곱이 기획역량으로 나타난다는 거죠. 만일 네 가지 요소 중 한 가지라도 떨어지면 전체적인 기획역량도 저하될 수밖에 없습니다. 이 경력사원의 경우, 사고력도 뛰어나고 생각을 문서로 잘 정리하며 그것을 주위 사람들에게 소통하는 능력도 뛰어납니다. 하지만 매번 실행할 때가 되면 랙이 걸리고 맙니다. 그렇게 시간이 지나다 보면 이 친구가 이루어 놓은 일은 하나도 없게 되는 거죠. 성과없이 일하는 것은 절대 유능하다는 얘기를 들을 수 없습니다. 시간이 흐르면 흐를수록 상사의 기대는 실망으로 바뀌게 되고 이 친구의 존재감도 희미해질 겁니다. 어느 순간에는 조직에서 사라질지도 모릅니다. 드러나는 성과를 내기 위해서는 다른 요소들도 중요하지만, 실행력에 특별히 신경을 쓸 필요가 있습니다. 여러분의 실행력을 다시 한번 점검해 보세요.

계획보다 실행

린 스타트업lean startup이라는 개념이 있습니다. '홀쭉한' 스타트업이라는 뜻일 텐데, 무엇을 린 하게 만든다는 걸까요? 기획과 계획, 실행의 모든 프로세스를 혁신적으로 단축한다는 얘기입니다. 일반적으로 신사업을 추진한다고 하면 기획을 철저하게 하라고 합니다. 화살을 쏠 때 출발점에서 1도만 어긋나도 목표지점에 가면 큰 차이가 나듯이, 기획이 잘못되면 엉뚱한 결과가 나올 수 있으니까요. 그래서 많은 사람들이 기획이나 계획의 중요성을 강조합니다. 이 단계에 무척 많은 공을 들입니다.

하지만 린 스타트업은 그것보다는 빠른 실행과 실행을 통한 보완을 강조합니다. 아무리 뛰어난 기획을 하고 완벽한 계획을 세운다 한들 그건 어디까지나 머릿속에서 나온 생각일 뿐입니다. 현실세계는 문서로 생각한 것처럼 돌아가지 않습니다. 저도 직장 생활을 하는 동안 셀 수 없이 많은 계획들을 세워봤지만, 그 계획이 맞아 들어갔던 적은 그다지 많지 않습니다. 제 기획능력이나 계획수립 능력이 부족해서 생긴 문제는 아닙니다. 원래 세상이라는 것이 그렇게 생겨 먹었습니다. 스타트업은 그야말로 오리무중의 세상입니다. 한 번도 시도해 본 적이 없는 신세계이기에 누구도 사업의 성공을 장담할 수 없습니다. 이러한 시장에서는 돌다리를 두드린다고 해서 안전을 장담할 수 있을까요? 너무 돌다리만 두드리다 보면 돌다리가 깨질 수도 있습니다.

가장 좋은 것은 실행해 보는 겁니다. 실행해 보고 계획했던 것과 다른 것이 무엇인지 밝혀내고 그것을 보완해서 다시 실행해 보고…. PDCA라는 매니지먼트 이론이 있죠. 계획Plan-실행Do-점검Check-보완Action을 빠르게 반복함으로써 목표로 했던 일에서 멀어지는 것을 방지하고 원하는 성과를 얻을 수 있도록 하라는 것입니다. 린 스타트업도 마찬가지입니다. 마치 나사처럼 빠르게 계획-실행-보완-실행-보완의 사이클을 돌려보는 거죠. 그러니 완벽한 계획을 세우기 위해 실행을 망설이고 있는 분이 계시다면 일단 실행해 보세요. 실행하다 보면 보완할 부분이 나타나고 그 부분은 아무리 계획을 완벽하게 세우려고 해도 생각해 낼 수 없는 것일 가능성이 높습니다.

세상은 너무나 급격하게 돌아가고 있습니다. 누구도 '뉴 노멀'의 시대가 오고 언택트, 온택트 시대가 이렇게 빨리 올 거라고 예상하지 못했을 겁니다. 이런 세상에서는 머리로 생각하는 시간을 짧게 하고 행동으로 옮기는 시간을 앞당겨야 살아남을 수 있습니다. 앞서 얘기했던 미 해병대의 '70%룰'을 다시 떠올려보세요.

〈모래 속의 그림〉
호아킨 소롤라

실행하며 보완하기

저는 책이 주는 혜택을 온몸으로 경험한 사람이다 보니, 주위 사람들에게 책을 쓰라고 권하는 일이 많습니다. 그중 어떤 사람들은 자료수집이 끝나면 쓰겠다는 말을 합니다. 그런 말을 들을 때마다 답답함을 느끼곤 하는데, 이 말은 스타트업 기업이 완벽한 계획이 수립되고 나면 사업을 시작하겠다는 말이나 다를 바 없습니다. 세상에 완벽한 계획이란 있을 수 없습니다. 어디에서 어긋나든 반드시 계획과 다르게 가는 부분이 있게 마련입니다. 책을 쓸 때도 마찬가지입니다. 책을 쓰다 보면 많은 정보와 자료가 필요하게 됩니다. 하지만 글을 쓰다 보면 처음 의도와는 다르게 갈 수 있고 그러면 새로운 자료나 정보가 필요하게 될 수 있습니다. 처음부터 이 모든 걸 다 예상하고 준비할 수는 없습니다. 가장 좋은 방법은 일단 쓰기 시작하는 겁니다. 쓰다 보면 필요한 정보나 자료가 무엇인지 알 수 있게 되고 그러면 그때 필요한 정보나 자료를 조사하면 되는 것이죠.

완벽한 계획을 위해서 실행을 미루는 습관을 바꿔야 합니다. 계획이 완벽하다고 해서 결과가 완벽하게 나오는 것도 아니고, 계획이 허술하다고 해서 결과가 허술하게 나오는 것도 아닙니다. 오히려 계획은 허술해도 실행을 통해 허술한 계획을 보완해 나가다 보면 더 좋은 결과를 얻을 수 있습니다. 완벽한 계획이라는 것은 어쩌면 빠져나오기 힘든 덫일지도 모릅니다.

실행력과 비례하는 소득

일본의 경영 컨설턴트인 혼다 겐도라는 사람이 일본 국세청을 통해 고액 세납자 명단을 확보한 후, 12,000명을 대상으로 설문 조사를 했다고 합니다. 설문 내용이 무엇인지는 모르겠지만 세금을 많이 낸 사람들일수록 설문에 대한 응답이 빨랐다고 하는군요. 이는 간접적으로나마 소득이 높은 사람일수록 실행력이 높다는 것을 알 수 있는 실험이 아닐까 합니다. 물론 실행력이 높은 사람이 돈을 잘 벌 수 있다고 해석할 수도 있겠고요.

실행력을 높이기 위해서는 사소한 것조차 무시하지 않고 빠르게 처리할 줄 알아야 합니다. 사소한 것을 빠르게 처리하지 못하는 사람들은 중요한 일도 빠르게 처리하지 못합니다. 뇌 안의 습관회로가 그렇게 만들어지기 때문입니다. 사소한 것을 미루는 것이 습관이 되면 시간이 갈수록 중요한 일도 뒤로 미루는 습관이 자리 잡게 되고 실행력은 저하될 수밖에 없습니다. 식사를 마치자마자 양치하는 일, 방 안의 휴지통이 어느 정도 차면 바로 버리는 일, 외출했다 돌아오면 바로 씻는 일, 이메일에 바로 답을 하는 일, 음식물 쓰레기를 썩을 때까지 두지 않고 자주 버리는 일. 이런 것들이 모이면 아침에 늦잠을 자는 습관도 바꿀 수 있고 아침에 일찍 일어나는 습관이 몸에 배면 더 큰 일도 미루지 않고 할 수 있게 됩니다. '미라클 모닝'이라는 것도 결국엔 그런 맥락에서 효과를 발휘하는 것이죠.

하인리히의 법칙이라는 것이 있습니다. 미국의 보험사정관인 하인리히H.W.Heinrich라는 사람이 고객들의 사고를 분석해 보니, 하나의 흐름이 있었다고 합니다. 막대한 인명피해나 재산상의 손실을 가져올 수 있는 하나의 큰 사건 뒤에는 스물아홉 가지의 작은 사건들이 도사리고 있고, 다시 그 뒤에는 300가지의 사소한 징후들이 있었다는 거죠. 그래서 하인리히의 법칙을 1:29:300의 법칙이라고도 합니다. 이를 다르게 해석해 보면, 300가지의 사소한 미루기가 모여서 스물아홉 가지의 나쁜 버릇이 되고 이것이 다시 하나의 큰 결함으로 이어질 수 있다는 겁니다.

하나의 큰 결함이란 무엇일까요? 무엇이든 끝맺지 못하는 것이죠. 무슨 일이든 성과를 내지 못하는 것. 하인리히의 법칙을 긍정적으로 다시 뒤집어볼까요? '300개의 미루지 않는 행동이 스물아홉 가지의 좋은 습관을 만들고 이것이 하나의 큰 성공습관으로 자리 잡을 수 있다.' '사소한 일 하나 미룬다고 해서 별일이야 있겠어?'하며 대수롭지 않게 생각할 수 있지만, 결국 시간이 지나면서 미루지 않는 사람과 미루는 사람 사이에는 건널 수 없는 큰 간격이 벌어지고 맙니다. 실행력을 높이고 싶으면 사소한 것부터 미루지 않고 처리하는 습관을 들이세요.

'창대한 끝'과 '용두사미'

성경에 이런 말이 나옵니다. '네 시작은 미미하나 끝은 창대하리라' 반면, 이런 고사성어도 있죠. '용두사미'. 미미하게 시작해서 창대하게 끝나고 싶으신가요, 아니면 화려하게 시작해서 초라하게 끝나고 싶으신가요? 질문을 다시 드려볼까요? 지금은 비록 힘없는 직장인이지만 크게 성공한 사업가가 되고 싶으신가요, 아니면 화려한 학력과 학벌을 뽐내며 직장생활을 하다가 조기퇴직을 해서 이 일, 저 일 전전하며 살고 싶으신가요? 오해하진 마세요. 화려한 스펙을 가진 사람이 다 조기퇴직을 하는 것도 아니고 많은 일을 전전하는 건 아니지만 세상이 워낙 험하게 돌아가고 있으니, 화려한 스펙을 가졌다고 해서 안심할 세상은 아닌 것 같습니다. 직장인들의 체감정년이 48세라는 통계도 있지 않습니까? 제 주위에도 오십 언저리에 퇴직하여 오갈 데 없이 지내거나 겨우 목숨만 부지하며 지내는 사람들이 많습니다. 대학 동기들 중 처음 들어간 직장에 그대로 있는 사람은 단 한명도 없습니다. 그들이 못나서 그런 것도 아닙니다. 모두 한 공부 했었던 사람들이고 직장에서도 잘나가던 사람들이었습니다. 그럼에도 불구하고 시간이 지나니 그렇게 되더군요.

아무튼, 미미한 시작에서 창대한 결과를 이끌어내는 것이나, 화려한 출발에서 초라한 종착지에 이르는 것, 모두 실행력과 큰 관련이 있습니다. 실행력이 높은 사람들은 창대한 끝을 볼 가능성이 높지만, 실행력이 낮은 사람들은 용두사미로 끝날 가능성이 높습니다. 물론 인내력과 절박함이 결합된 경우에 말입니다. 어떤 사람들은 가늘고 길게 가는 게 최고라고 하기도 하더군요. 하지만 가늘고 길게 갈 바에는 짧더라도 굵게 가는 게 낫지 않을까요? 물론 선택하기 나름이겠지만요. 어쩌면 가늘고 길게 가는 것조차 실행력이 필요한지 모릅니다. 실행력이 부족하면 가늘게 가다 끊어지고 말 수도 있으니까요.

아무리 많은 구슬도 꿰지 않으면 무용지물

우리 속담에 '구슬이 서 말이라도 꿰어야 보배'라는 말이 있죠. 아무리 좋은 것이 있어도 쓸모 있게 만들어 놓지 않으면 가치가 없다는 말입니다. 세상을 뒤집어 놓을 수 있는 좋은 아이디어가 있다고 해도 행동으로 옮기지 않으면 가치는 올라가지 않습니다. 자신의 역량이 아무리 뛰어나도 그것을 성과로 연결시키지 않으면 소용없습니다. 사람들이 자신을 알아주지 않는다고 세상을 한탄하고 '나는 왜 이렇게 운이 안 따르지?'하며 자신의 운명을 저주할 뿐입니다. 하지만 꿰지 않은 구슬의 가치를 알아줄 사람이 어디 있겠습니까?

예를 들어, 아주 빼어난 글솜씨를 가지고 있는 사람이 있다고 해보죠. 책을 쓰면 성공할 가능성이 충분히 있음에도 불구하고 아무것도 하지 않으면, 그 사람이 글솜씨가 있다는 걸 누가 알 수 있을까요? 자신이 빼어난 글솜씨를 가지고 있다고 하면 블로그나 브런치 같은 곳이라도 부지런히 글을 써서 올려야 합니다. 혹은 원고를 써서 출판사에 투고해야 합니다. 글솜씨라는 역량을 글이라는 구슬로 만들고 그것을 브런치나 블로그라는 공간에 올림으로써, 혹은 출판사에 투고함으로써 가치 있는 물건으로 만드는 거죠. 꿰지 않은 구슬은 가치가 낮지만, 그것을 꿰어 놓으면 훌륭한 보석이 될 수 있습니다. 구슬을 꿰어 보배로 만드는 것, 그것이 바로 실행력입니다. 여러분이 가진 역량이라는 구슬을 실행이라는 바늘을 이용하여 보물로 꿰어보세요.

실패하는 리더의 치명적인 약점

미국의 포춘지가 재미있는 결과를 발표한 적이 있습니다. 실패하는 리더의 70%는 치명적인 약점을 가지고 있는데 그건 바로 실행력의 부족이라고 합니다. 또한 미국 경영자 중 95%는 옳은 말을 하지만, 단 5%만이 그 일을 실행에 옮긴다고 합니다. 결국 실행력이 기업의 성과를 좌우할 수 있는 핵심요소라는 거죠.

저는 직장생활을 하면서 주로 기획과 전략수립 업무를 수행했습니다. 때로는 글로벌 컨설팅 기업들과 함께 하는 경우도 있었는데 BCG나 맥킨지 같은 회사를 쓰려면 비용이 어마어마합니다. 한 번의 컨설팅에 수억에서 수십억까지 들어가기도 합니다. 그렇게 많은 돈을 들여 정성스럽게 사업전략을 수립하지만 대부분의 기업에서 전략 실행률이 형편없이 낮습니다. 글로벌 기업의 평균이 15% 정도밖에 안 됩니다. 한 국내 컨설팅 회사의 조사에 따르면 30% 정도 된다고 하더군요. 30%만 돼도 양반입니다. 실제로는 그보다 형편없는 수치가 나옵니다. 많은 기업들이 막대한 돈을 투자하여 보기 좋고 화려하게 전략을 수립하지만, 그림만 그럴싸하게 그려 놓고 막상 실행에는 소홀하다는 거죠. 공을 들여 치밀하게 만든 중장기 전략만 있으면 뭘 합니까? 실행이 안 되면 그야말로 그림의 떡에 불과한데 말이죠.

그림이 중요한 게 아니라 그 그림에 생명을 불어넣을 수 있도록 실천하는 것이 중요한데 대부분의 기업은 그림을 그리는 데만 신경을 씁니다. 그렇게 보기 좋은 그림을 그리고 나면 그만 만족하고 뒤로 물러서 버리곤 하죠. 하지만 실천되지 않는 계획은 그림의 떡일 뿐입니다. 여러분도 그림을 그리는 데에만 집중하지 말고 실행하는 데 더욱 많은 힘을 쏟으세요.

〈안락의자에 앉은 돈키호테〉
지그문트 왈리스제프스키

몽골이 세계를 제패한 비결

우리에게는 치욕을 안겨주었지만, 세계 역사상 가장 위대했던 나라 중 하나는 바로 몽골제국입니다. 몽골제국의 전성기 때 영토가 얼마나 컸는지 아십니까? 극동지역에 있는 한반도를 포함하여 중국 전역, 동남아, 무슬림 제국을 거쳐 알프스 산맥이 가로지르는 동유럽에 이르기까지, 세계 역사상 전무후무하게 넓은 영토를 가진 나라가 몽골제국이었습니다. 전 세계 대륙의 반 정도가 몽골의 땅이었던 거죠. 러시아의 수도 모스크바가 다른 나라에 의해 함락된 역사는 단 한 번도 없었습니다. 무시무시했던 나폴레옹의 군대도 모스크바 침공에 실패했고 히틀러의 나치군도 모스크바 공략에 실패했습니다. 그러한 모스크바를 함락시킨 세계 유일의 군대가 몽골의 군대였습니다.

몽골군이 그렇게 세계를 점령할 수 있었던 비결이 있었을까요? 그건 바로 실행의 스피드였습니다. 폴란드에는 성 마리아 성당이 있습니다. 맨 꼭대기의 시계탑에서는 일정한 시간이 되면 나팔수가 나와 나팔을 붑니다. 그런데 나팔을 끝까지 부는 것이 아니라 항상 중간에 연주를 멈추고 맙니다. 몽골군이 유럽을 침략해 들어올 때, 저 멀리서 적군이 쳐들어오는 모습을 보고 나팔수가 나팔을 불었습니다. 그런데 나팔소리가 채 끝나기도 전에 몽골군에 의해 나팔수의 목이 잘려 나갔다고 하더군요. 그만큼 몽골군의 스피드가 상상을 초월할 정도로 빨랐다는 거죠. 몽골군이 몰려온다는 척후병의 소식을 들은 유럽의 기사들이 전쟁에 나서기 위해 갑옷을 차려입고 말에 올라타는 등 준비를 채 마치기도 전에 몽골의 군사들이 몰려들어 유럽의 기사들은 제대로 싸워보지도 못한 채 패하고 말았습니다. 그것이 유럽의 기사제도가 붕괴되는 시초였다는 이야기를 들은 것 같네요.

지금 자동차를 타고 몽골의 수도였던 카라코룸을 출발해서 대륙을 거쳐 유럽의 헝가리까지 가려면 며칠이나 걸릴까요? 한 달이면 도착할 수 있을까요? 그렇다면 몽골군은 그 거리를 이동하는 데 얼마나 걸렸을까요? 불과 열흘 밖에 안 걸렸답니다. 지금이야 아스팔트로 포장된 도로가 잘 정비되어 있어 자동차로 이동하는 게 불편함이 없지만, 당시만 해도 길도 없는 곳을 산을 넘고 강을 건너고 사막도 지나야 했을 텐데, 그 먼 거리를 단 열흘 만에 돌파했다는 게 믿어지십니까? 때로는 길이 끊어진 곳도 있었을 텐데 말입니다. 거의 날아다닌 것과 다를 바 없는 셈이죠. 그야말로 미친 실행력이 아닐 수 없습니다. 몽골은 이러한 업적을 세우기 위해 핵심역량으로 스피드를 택했습니다. 세계 역사상 처음으로 역참이라는 지금의 네트워크 개념을 개발하였고, 덩치는 작지만 지구력이 좋아 지치지 않고 달리는 몽골의 말을 이동수단으로 삼았으며 유럽의 기사들처럼 기동력이 떨어지는 갑옷을 입지 않는 등 모든 것들이 스피드를 높이는 쪽에 맞춰져 있었습니다.

무언가를 실행할 때는 스피드 있게 해야 합니다. 하는 듯 마는 듯 지지부진하게 하다가는 도중에 지치기 십상입니다. 지치면 인내력을 잃기 쉽고 포기하게 됩니다. 후발주자에게 주도권을 내줄 수도 있습니다. '내가 먼저 한 건데'라며 씩씩거려봤자, 사람들은 알아주지 않습니다. 자신만 억울할 뿐입니다. 유럽의 기사들은 스피드에서 몽골군에 뒤처졌기에 싸움에서 질 수밖에 없었고 기사제도 자체의 붕괴로까지 이어지고 말았습니다. 무언가 해야 할 일이 있거든 속전속결로 끝내세요. 물론 장기전으로 해야 하는 일도 있습니다. 하지만 그러한 일도 단계별로는 스피디하게 이루어지지 않으면 안 됩니다.

성과를 좌우하는 실행의 템포

꽤 오래전부터 SNS의 기반이 모두 유튜브로 건너간 듯합니다. 내로라하는 인플루언서들은 죄다 유튜브에 모여 있습니다. 이미 유튜브는 포화상태에 가까워졌지만 만일 뒤늦게 유튜브를 시작한다고 해보죠. '지금 시작하기에는 너무 늦은 거 아냐?'라고 생각하면 방법이 없습니다. 포기해야 합니다. 하지만 비록 늦었지만 일단 시작하고 실행하고 반응을 보며 방향을 수정하고, 그러다 보면 자신이 택해야 할 길이 보일 수 있습니다. 그러면 다시 그 길에 맞춰 실행하고 반응을 보고 방향을 수정하고 그에 맞춰 나가는 일을 빠르게 반복해야 합니다. 템포를 빨리하는 거죠. 그러면 늦었다고 생각하는 일에서도 기회를 찾을 수 있습니다.

2차 대전 당시, 잘나가던 일본군이 주저앉게 된 결정적인 계기 중 하나가 미드웨이 전쟁입니다. 미드웨이는 태평양에 있는 작은 섬 중 하나인데 이 섬에는 미군기지가 있었습니다. 일본군이 태평양에서 미국 함대를 몰아낼 목적으로 항공모함을 이용하여 이 섬을 공격하기로 하면서 미드웨이 인근에서 일본군과 미군의 함대 간 대규모 전투가 벌어집니다. 양쪽 모두 보유하고 있는 항공모함을 거의 다 동원하다시피 한 전투였는데 그렇기에 이 전투에서 패하면 상대방에게 전쟁의 승리를 넘겨줄 수 있는 상황이었습니다. 천만다행으로 이 전투에서 미군이 이깁니다. 절대적인 약세임에도 불구하고 미국이 일본을 이기고 이를 계기로 태평양 전쟁의 주도권을 장악합니다.

그런데, 이 전투에서 일본이 패한 이유가 바로 함대 지휘관이었던 야마모토 제독의 망설임 때문이었습니다. 애초부터 미드웨이 침공은 섬 자체를 공격하는 것보다는 미국의 함대를 제거하는 것이 목적이었습니다. 미국의 함대를 괴멸시켜 태평양에서 미국이 힘을 못 쓰도록 만드는 거였죠. 하지만 당시만 해도 레이더가 그리 발달하지 못한 시기였기에 일본군이나 미군 모두 상대방의 함대를 쉽게 찾아내지 못합니다. 드넓은 태평양에서 아무리 항공모함의 숫자가 많다고 해도 그것을 찾아내기는 모래밭에서 바늘 찾기와 같은 얘기니까요. 일본군 전투기가 미군의 항공모함을 발견하지 못하자, 미드웨이섬에 있는 기지를 공격하기로 하고 폭탄을 장착합니다. 일본의 폭격기들이 출격을 하려는 순간 미군의 항공모함을 발견합니다. 육상의 기지를 타격할 때와 항공모함을 타격할 때 쓰는 폭탄은 종류가 다릅니다. 항공모함을 공격할 때는 배의 옆구리를 가격할 수 있는 어뢰가 필요하죠.

일본군 입장에서는 승기를 잡기 위해서는 미군의 항공모함을 타격해야 하는데 이미 전투기에 장착된 폭탄은 육상 기지를 타격하는 것이다 보니, 야마모토 제독은 주저하게 됩니다. 폭탄을 교체하려면 순식간에 되는 것이 아니라 40분 정도의 시간이 소요되었거든요. 계획대로 육상 기지를 공격하자는 참모들과 폭탄을 어뢰로 교체하여 항공모함을 공격하자는 참모들 사이에서 야마모토는 결정을 못 내린 채 망설입니다. 결국 머뭇거리다 항공모함을 공격하기로 하고 무기를 교체합니다. 그 사이에 일본의 항공모함을 발견한 미군 전투기들이 폭탄을 쏟아붓습니다. 결국 이 전투에서 일본은 대다수의 항공모함을 잃고 처절하게 패하고 맙니다. 이후부터 태평양에서 힘을 잃게 되죠.

이처럼 결심 단계에서 신속하지 못하고 느슨해지면 기회를 놓칠 수밖에 없습니다. 내가 생각하는 것은 누구나 생각할 수 있습니다. 내가 생각하는 동안 다른 누군가도 나와 똑같은 생각을 하고 있을지도 모릅니다. 그 순간 빠르게 결심하고 실행에 옮기면

선두주자가 될 수 있지만, 실행이 늦으면 경쟁자에게 기회를 빼앗길 수 있습니다. 내가 노력했던 모든 것은 물거품이 되어 사라질 수밖에 없습니다. 많은 사람들이 완벽한 계획이 만들어진 후에야 실행을 하려고 합니다. 많은 기업들이 완벽한 사업계획서를 만든 후, 실행에 착수하려고 합니다. 하지만 그러는 사이에 발 빠른 기업이 선수를 쳐서 시장을 장악할 수도 있습니다. 그러면 애써 만든 계획, 애써 만든 사업계획서는 휴지조각이 되고 맙니다. 무엇이든 손안에 넣고 주물럭거리지 마세요. 그러다간 좋은 기회를 놓칠 수 있습니다.

실행의 생명은 스피드

일본 얘기를 했으니, 독일 얘기도 해볼까요? 1차 대전에서 패한 독일은 와신상담하며 재기의 기회를 노립니다. 식민지를 가지지 못한 독일의 입장에서 어려운 경제상황을 타개할 수 있는 방안이 전쟁밖에는 없었습니다. 바로 옆에 있는 프랑스는 불안하지 않았을까요? 1차 대전에서 큰 고역을 치른지라 프랑스는 독일이 다시 쳐들어올까 봐 전전긍긍합니다. 그래서 생각해 낸 것이 마지노선입니다. 독일과의 국경지역에 핵폭탄으로도 파괴할 수 없을 정도로 튼튼하고 내부에 선로까지 깔린 요새를 구축합니다. 마지노는 그때 요새를 구축한 국방장관의 이름이라고 하는군요.

유럽을 손에 넣기 위해서는 프랑스를 거치지 않으면 안 되는 독일의 입장에서는 철벽같은 방어기지가 생겼으니 갑갑하게 된 셈이죠. 스위스는 중립국이라 쳐들어갈 수가 없고요. 고민 끝에 독일군은 벨기에를 통해 프랑스로 쳐들어가기로 합니다. 그곳은 마지노와 같은 요새도 없고 수비도 상대적으로 허술했거든요.

하지만 독일과 벨기에 사이에는 아르덴느라는 거대한 산림지대가 있었습니다. 빽빽하게 나무가 자라는 숲 지대인 데다 중간에 늪지도 많아 그곳을 통과하려면 적어도 일주일은 걸립니다. 일주일 사이에 상대방은 눈치를 채고 모든 화력을 집중해서 방어선을 구축하겠죠. 통과한다고 해도 승리를 장담할 수 없을 겁니다. 어떻게 하면 좋을까요? 이 상황을 타개하기 위해 독일은 스피드를 선택합니다. 일명 블리츠 크리그blitzkrieg라고 하는 전격전電擊戰의 개념을 도입한 거죠. 블리츠 크리그는 번개를 의미합니다. 마치 번개가 치는 것처럼 빠르게 이동한다는 의미이죠. 전격전을 위해 독일은 보병 없이 탱크로만 아르덴 숲을 통과합니다. 하늘에서는 전투기와 폭격기가 지원을 하고요. 육상과 공중의 협업 시스템이 이때 만들어진 거죠. 독일군은 일주일이 걸려도 통과하기 힘든 숲 지대를 불과 이틀 만에 돌파합니다. 방심하던 연합군은 사력을 다해 독일군과 맞서 싸웠지만 이미 기세가 높아진 독일군을 막아내지 못하고 불과 일주일 만에 파리가 함락되고 맙니다.

스피드가 만들어낸 성공사례 중 하나입니다. 물론 연합군 입장에서는 안타까운 일이지만요.

〈에스파다 의상을 입은 마드무아젤 V〉
에두아르 마네

실행력을 어떻게 높일 수 있을까?

실행력을 낮추는
낮은 목표

실행력을 높이기 위해서는 '이만하면 됐다'하고 중간에서 타협하고 물러서는 일이 없어야 합니다. 적당히 만족해서는 안 된다는 것이죠. 미래를 대비하기 위해 저축을 하겠다고 결심한 사람이 1년에 500만 원을 모으겠다고 생각하면 딱 그만큼만 모을 수 있습니다. 조금 더 목표를 높여 1,000만 원을 모으겠다고 결심하면 비록 힘들기는 해도 그 목표를 달성할 가능성이 커집니다. 낮은 목표는 스스로의 실행력을 낮추는 요인이 됩니다. 누구나 편안함을 누리고 싶기 때문에 낮은 목표를 가지게 되면 목표가 달성되는 순간 안전지대comfort zone에 머물고 싶어 합니다. 힘들게 노력하지 않아도 편안함을 느낄 수 있으니까요. 분명 자신의 힘으로 무언가 더 발전적인 일을 할 수 있을 텐데 더 큰 실행력을 발휘하지 못하고 적당한 선에서 멈춰버리고 마는 거죠.

실행력을 높이기 위해서는 좀 더 높은 목표가 필요합니다. 만만하게 보이는 일은 언제든 할 수 있다는 생각 때문에 뒤로 미루게 되기 마련입니다. 하지만 조금 벅차게 느껴지는 일은 마음을 다잡고 실천하려고 노력할 수밖에 없습니다. 지금 자신이 할 수 있는 역량에서 20% 정도 더한 일을 찾아보세요. 그리고 반드시 그 일을 해내겠다는 각오를 다져보세요.

자신만의 시간관리 노하우가 필요

실행력이 부족한 사람들 중에는 의지력이 부족한 탓도 있지만 시간 관리를 잘 못하는 사람들이 많습니다. 세계적인 자기계발가인 스티븐 코비Stephen Covey는 《성공하는 사람들의 7가지 습관》을 통해 중요한 일부터 하는 습관을 들여야 한다고 말합니다. 하지만 많은 사람들이 알고 보면 중요한 일보다는 당장 시급한 일에 시간을 더 많이 투자합니다. 부족한 업무 능력을 끌어올리기 위한 공부에 시간을 쏟기보다는 내일 방문하는 회장님께 보고할 자료를 만드는데 더 많은 시간을 투자하는 것이 그러한 일이라 할 수 있습니다. 만일 긴급하게 처리해야 할 일이 생겼는데 중요한 일을 처리하지 못한 상태라면 시급하게 처리해야 할 일에 집중할 수 없게 될 겁니다. 중요하게 해야 하는 일이 자꾸 마음에 걸릴 테니까요.

실행력을 높이려면 자신의 시간 관리를 철저히 해야 합니다. 시급도와 중요도를 따져 일의 우선순위를 정한 후 그에 따라 일을 처리하거나, 자신만의 방식으로 시간을 관리하는 요령을 터득하세요. 기업인들에게 컨설팅을 하는 댄 설리번은 할 일의 우선순위를 정하는 방법을 다음과 같이 알려줍니다. 내 에너지를 빼앗는 일, 내가 그다지 싫어하지 않고 내게 중요하며 유용한 일, 내게 에너지와 기쁨을 주는 일로 해야 할 일을 구분한 후, 첫 번째 일에는 시간을 낭비하지 않고, 두 번째 일에는 자신의 시간 중 10%만 할애하며, 세 번째 일에는 시간과 에너지의 90%를 할애한다는 거죠. 사람에 따라서는 그 비율이 달라질 수도 있습니다. 또 우선순위를 정하는 방식도 바뀔 수 있습니다. 중요한 것은 나의 실행력을 방해하지 않도록 나만의 시간관리 방법을 찾아 그것을 삶에 접목시키는 것입니다. 여러분만의 시간관리 노하우를 터득하세요. 그리고 그것을 통해 실행력을 높여보세요.

목표를 잘게 쪼갤수록 성취가 쉬워진다

비즈니스를 하는 사람들 사이에서는 이런 말이 있습니다. '성과는 역량과 실행의 함수로 나타난다.' 다시 말해 성과는 조직 혹은 개인이 가진 역량에 실행력을 곱한 값으로 나타난다는 거죠. 역량이 높아도 실행력이 낮으면 성과는 낮아질 수밖에 없습니다. 가진 역량을 충분히 발휘하려면 실행력을 높여야 합니다. 실행력을 높이는 방법 중 하나는 큰일을 작은 일로 쪼개는 겁니다. 허벅지만 한 굵기의 통나무를 손으로 부러뜨리려고 하면 부러뜨릴 수 있을까요? 절대 불가능합니다. 포기하는 수밖에 없죠. 하지만 이것을 잘게 쪼개고 쪼개서 나무젓가락 굵기로 만들면 힘들이지 않고 쉽게 부러뜨릴 수 있습니다.

크고 어려운 일도 알고 보면 작은 일들이 모인 덩어리에 불과합니다. 크고 어려운 일은 한 번에 하려면 엄두가 안 나지만 작은 일은 쉽게 해치울 수 있습니다. 1년 안에 몸무게를 10kg 빼기로 했다고 생각해 보죠. 살을 빼 보신 분은 알겠지만 살을 뺀다는 것이 그리 쉬운 일은 아닙니다. 처음에는 더딜 수가 있어요. 그 와중에 1년을 꾸준히 다이어트를 해야 한다고 생각하면 의욕이 싹 사라질 수 있습니다. 이럴 때는 달마다 목표치를 잘게 잘라서 세워보세요. 첫 달은 500g, 두 번째 달은 1kg, 세 번째 달은 1.7kg…하는 식으로 말입니다. 그리고 매월 정해진 목표만 달성한다고 생각해 보세요. 그러면 목표달성이 훨씬 쉬워질 수 있고 큰 목표를 포기하지 않을 수도 있습니다. 목표가 지나치게 클 경우 그 목표를 눈에 띄는 성과단위로 쪼개 보세요. 그렇게 하여 성과가 달성되는 것이 눈에 보이면 큰 목표를 달성하는 것도 의외로 쉬워질 수 있습니다.

〈점프 로프를 든 소녀〉
피에르 오귀스트 르누아르

오늘 해야 할 일을 내일로 미루지 않기

해야 할 일이 있을 때 시간이 충분하다고 여기는 사람들은 함정에 빠질 수 있습니다. 해야 할 일이 자신의 역량에 비해 쉬워 보이거나, 당장 하지 않아도 크게 지장이 없거나, 언제든 할 수 있다고 생각하면 사람들은 그 일을 쉽게 시작하지 못합니다. 당장 해야 할 시급한 일이 있기도 하고 당장 그 일을 하지 않는다고 해서 아쉬울 것도 없으니까요. 언제든 하기만 하면 되니까요. 그런데, 이런 사람들이 착각하는 것이 있습니다. 바로 미래의 시간을 자신의 의지대로 사용 가능하다고 믿는 거죠. 이건 대단한 착각입니다. 여러분은 내일 당장 어떤 일이 일어날지 내다볼 수 있습니까?

이틀 후에 마감인 일이 있다고 해봅시다. 서두르면 하루 만에 그 일을 마칠 수 있을 것 같습니다. 그런 생각이 들면 오늘이 아니라 내일로 일을 미룹니다. 그런데 막상 내일이 되었는데 아주 친한 친구가 교통사고를 당해 사경을 헤맨다고 해보죠. 해야 할 일은 있는데 절친의 목숨이 오락가락한다면 무엇을 하시겠습니까? 예시가 너무 가혹한가요? 그렇다면, 오늘의 일을 내일로 미루었는데 내일 아침에 회사에 큰일이 생겨 긴급하게 그 일부터 처리하지 않으면 안 되게 생겼습니다. 그러면 어떡해야 할까요?

미래의 일은 아무도 모릅니다. 무슨 일이 일어날지는 그때 가봐야 압니다. 오늘 해야 할 일을 오늘 끝내 놓으면 내일 벌어지는 일들을 무리 없이 처리할 수 있지만 오늘 해야 할 일을 내일로 미루게 되면 어렵고 곤란한 상황에 처하게 될 수도 있습니다. 모든 일은 할 수 있을 때 해야 합니다. 내일은 없다고 생각하세요. 오늘이 마감이라고 생각하세요. 그러면 실행력은 더욱 높아질 수 있습니다.

독불장군에서 벗어나기

실행력이 낮은 사람들의 특징 중 하나는 주위 사람들에게 도움을 요청하지 않는다는 겁니다. 상당수는 힘들고 어려운 일이 닥쳤을 때 주위 사람의 도움을 받기보다는 스스로 문제를 헤쳐 나가려고 하는 경향이 높습니다. 그러다 보니 개인의 능력으로는 감당하기 힘든 장애가 나타나면 더 이상 버티지 못하고 포기하고 마는 거죠. 주위 사람들의 도움을 요청하지 않는 이유는 여러 가지가 있을 겁니다. 다른 사람의 도움을 받는 것이 자존심 상해서일 수도 있고, 다른 사람을 신뢰하지 못해서일 수도 있고, 마땅히 도움을 요청할 만한 사람이 주위에 없어서일 수도 있고, 도움을 요청했다가 거절당할까 봐, 두려워서일 수도 있습니다. 어떤 이유로든 실행력이 낮은 사람들은 모든 문제를 혼자 해결하기 위해 씩씩거리다가 제풀에 지쳐 쓰러지는 경우가 많습니다.

그러나 세상은 혼자 사는 게 아닙니다. 자연인이 아니고서는 누구도 혼자 잘났다고 살 수 없습니다. 비록 조금 자존심이 상하고 비록 조금 상처받는 일이 있더라도, 비록 조금 돈이 들어가는 한이 있더라도 내 일을 해결해 줄 수 있는 사람이 있다면 도움을 요청하고 그것을 통해 원하는 결과를 얻어내는 것이 더 가치 있는 일입니다. 세상은 고고한 척하는 사람보다는 돈 많은 사람, 성공한 사람을 더 가치 있게 봅니다. 스스로 문제를 해결하기 어렵다면, 적극적으로 주위 사람들에게 도움을 요청해 보세요. 길이 보일 수 있습니다.

요즘은 노하우보다 노웨어가 더 중요하다고 합니다. 그 말은 세상이 급진적으로 바뀌면서 누구도 처음부터 끝까지 문제해결에 필요한 스킬을 갖추고 있는 사람은 없다는 거죠. 혼자서는 모든 문제를 해결할 수 없으니 다른 사람의 도움을 받아야만 한다는 말입니다. 그렇다면 내가 가지지 못한 스킬을 가지고 있는 사람을 찾아 빠르게 그 사람을 활용하는 것도 실행력을 높일 수 있는 방법 중 하나라 할 수 있습니다.

확신이 추진력을 높여준다

실행력을 높이기 위해서는 자기가 하는 일에 확신을 가져야 합니다. '이건 분명히 될 거야. 할 수 있어'라는 확신이 드는 일이라면 안 할 이유가 없겠죠. 그래서 확신이 있는 일은 누구나 끝까지 밀고 나갈 수 있지만 '이게 될까?'라는 의심을 품게 되면 주저할 수밖에 없습니다. 그런데 말이죠, 이 세상에 그 누구도 일어나지 않은 미래의 일에 대해 확신할 수 있는 사람은 없습니다. 그 얘기는 확신이라는 것이 마음먹기에 달려 있다는 겁니다. 한 번 곰곰이 지난날을 되돌아보세요. 확신을 가지고 시작했던 일이 실패하는 경우도 있었고, 확신 없이 시작한 일이 성공한 경우도 있을 겁니다. 저도 책을 쓰기 시작한 초기에는 큰 확신 없이 글을 썼습니다. 물론 잘 됐으면 좋겠다는 기대는 하지만 기대와 확신은 다른 얘기죠. 그러나 점점 시간이 지나면서 작가로서 제 자신에 대한 믿음이 높아지고 그러다 보니 지금은 적어도 사장되는 원고는 없겠다는 확신이 듭니다. 그런 확신이 있기 때문에 힘들고 지쳐도 꾸준히 책을 쓸 수 있게 되는 것이고요.

다시 말씀드리지만, 확신은 마음가짐일 뿐입니다. 돈이 드는 것도 아니고 대가가 필요한 것도 아닙니다. 마음 하나로 실행이 달라지고 결과가 달라진다면 확신을 가지는 데 망설일 필요가 없지 않을까요? 시작하기 전에는 확신하지 못하던 일도 막상 일을 시작하고 보면 확신이 깊어질 수 있습니다. 일단은 시작하고 보세요. 돈 들지 않는 확신을 가지고 말입니다. 확신은 공짜입니다.

자신만의 이유 찾기

무슨 일이든 실행력이 생기기 위해서는 그것이 자신에게 꼭 필요한 일이어야 합니다. 남들이 한다고 해서 따라 하다 보면 '내가 이걸 왜 해야 하지?'라는 생각이 들고 한 번 그런 생각이 들면 걷잡을 수 없이 커지게 됩니다. 결국 포기하고 말죠. 사람들이 가장 많이 하는 결심 중 하나가 담배를 끊는 거죠. 그런데 대부분은 특별한 이유 없이 담배를 끊으려 합니다. 새해가 되었다는 이유로, 아니면 그냥 옆 사람이 담배를 끊는다고 하니 이참에 나도 끊어보자 하는 심정으로. 절박한 필요에 의해 결심하기보다는 주변 사람을 따라 시작하는 경우가 많죠. 운동이나 어학공부, 자기계발도 마찬가지입니다. 남들이 다 하니까 자신만 안 하면 뭔가 뒤처지는 것 같은 느낌이 들어서, 불안해서 시작하는 경우가 많습니다. 그런 경우에는 동기가 자기 자신에게 있지 않습니다.

내면의 동기에 의해 시작한 일은 의지를 가지고 실행할 수 있지만 내면의 동기가 없는 일은 금방 흐지부지되고 맙니다. 결국 남 좋은 일만 하다가 아무 성과도 없이 끝나고 맙니다. 친구 따라 강남 가지 마세요. 친구는 여러분의 인생을 책임지지 않습니다. 여러분 삶의 주인공은 바로 여러분이에요. 누군가를 따라 특별한 동기 없이 무언가를 시작했다가 그만두는 일이 잦아지면 자신에 대한 신뢰가 낮아지게 되고 그런 일이 축적되다 보면 '나는 뭘 해도 끝까지 못 하는 인간이야'라며 자기비하와 자기불신으로까지 이어질 수 있습니다. 무엇을 해도 제대로 해낼 리 없죠.

그러니 주변 사람들에게 휘둘리지 말고 자신에게 필요한 일을 찾아서 하세요. 다른 사람들 따라다니며 엉뚱한 일 하면서 끝도 맺지 못하고 끝날 시간에 자신에게 필요한 일을 찾아 그 일에 집중해 보세요. 자신감과 자존감 모두 높아지고 성공을 향해 달려갈 수 있습니다.

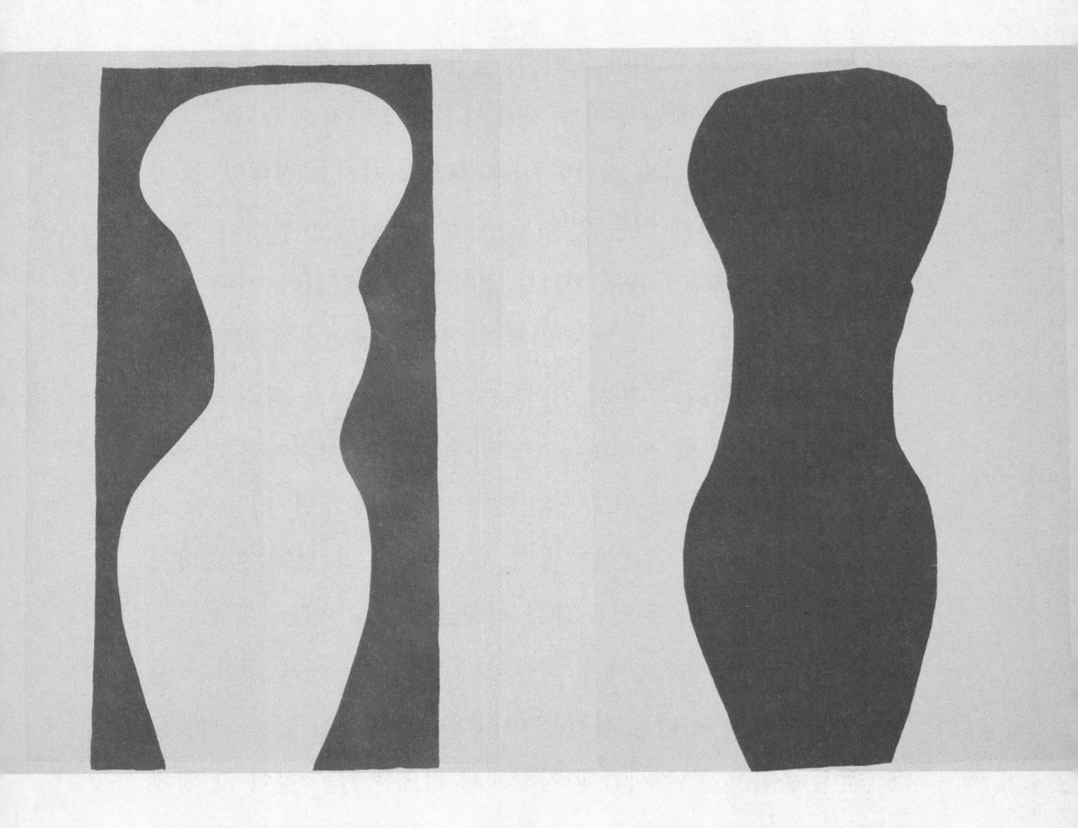

〈Forms〉
앙리 마티스

마시멜로 챌린지

마시멜로 챌린지marshmallow challenge라는 것을 아십니까? 미국의 디자인 회사인 아이디오IDEO의 피터 스킬먼Peter Skillman이라는 사람이 고안해낸 게임인데 아마 직장인이라면 한 번쯤 경험해 보셨을 겁니다. 처음 보는 사람 몇 명이 테이블에 둘러앉은 후, 스무 가닥의 스파게티 면과 접착테이프, 실, 마시멜로를 나누어 받습니다. 이것을 이용해서 18분 동안 가장 높은 탑을 쌓는 거죠. 모양은 어떤 것이라도 상관없고, 정해진 시간 내에 가장 높은 탑을 쌓기만 하면 되는 겁니다. 물론 어딘가에 기대거나 무언가 외부의 힘에 의지하지 않고 단독으로요.

톰 워젝Tom Wujec이라는 학자는 이 실험을 유치원생부터 기업의 CEO에 이르기까지 다양한 집단의 사람들을 대상으로 실시했습니다. 다양한 직업군을 대상으로도 시행했고요. 놀랍게도 MBA 학생들이나 기업의 CEO처럼 똑똑하고 잘난 사람들이 쌓은 탑이 유치원생들이 쌓은 탑의 높이보다 낮았다고 합니다. 말이 안 될 것 같지만 결과는 매번 동일하게 나타납니다. 왜 그런 걸까요? 원인은 간단합니다. 실행하기 전에 계획을 수립하는 데 얼마나 시간을 쏟느냐죠. MBA나 CEO들은 완벽한 계획을 수립하기 위해 시간을 많이 쏟습니다. 주어진 18분의 시간 대부분을 계획을 세우는 데 사용합니다. 그러다가 막상 계획대로 이루어지지 않으면 재시도해 볼 시간을 갖지 못하는 거죠. 그대로 실패하고 맙니다. 유치원생들은 계획이라는 개념 자체가 없기 때문에 무조건 달려들어 탑을 쌓기 시작합니다. 실행하는 과정에서 요령을 터득하고 자연스럽게 탑을 쌓아 나갑니다. 두 그룹의 차이는 명확합니다. 계획과 실행, 어느 쪽에 더 많은 시간을 투자했느냐죠.

물론 계획이 전혀 쓸모없다고 얘기하는 것은 아닙니다. 제가 말씀드리고 싶은 건 완벽한 계획을 꿈꾸지 말라는 겁니다. 경험이 없는 사람들이 치밀하게 계획을 세운다고 해서 성공 가능성이 높아지는 것은 아닙니다. 해보지 않은 일이 성공할지 실패할지는 아무도 모르고 오로지 하느님만 아십니다. 그러니 완벽한 계획보다는 비록 조금 허술해 보여도 실행하면서 보완해 나가는 것이 성공에 가까워지는 길이 아닐까 합니다. 오늘도 완벽한 계획을 수립하기 위해 머리 싸매고 고민하는 분이 계시다면 그 자리에서 멈추세요. 그리고 실행에 옮겨보세요. 좋은 아이디어를 떠올리기 위해서는 생각하고 생각하고 또 생각하는 몰입의 과정이 필요하지만 일단 아이디어가 도출되고 나면 실행으로 중심축을 재빠르게 옮겨야 합니다.

타인의 시선으로부터 자유로워지기

언젠가 추운 겨울날, 세바시라는 프로그램의 녹화에 참여한 적이 있습니다. 저도 세바시 무대에 한번 서고 싶어서 벤치마킹하는 심정으로 다녀왔습니다. 강연에 앞서 세바시 운영을 담당하고 있는 오종철 씨가 무대에 나와 분위기를 돋우는 체조를 시키더군요. 노래를 부르며 박수를 치기도 하고 제자리에서 점프를 하거나 옆으로 왔다 갔다 해야 하는 동작들이 있었습니다. 누군가 일행과 같이 온 사람들은 그다지 어렵지 않게 따라 할 수 있었지만, 저 같이 혼자 간 사람들은 '뻘쭘'하다는 생각 때문에 쉽사리 따라 하지 않게 되더군요. 그러자 오종철 씨가 한마디 합니다. '여러분 주위에 있는 사람들은 여러분이 누군지 전혀 몰라요.

이 자리 끝나고 집에 돌아가면 생각나지도 않습니다. 옆에 사람은 자기 행동에 신경 쓰느라 여러분은 관심조차 없어요. 옆에 사람 눈치 보지 말고 과감하게 하세요.'

그 말은 제게 큰 울림을 주었습니다. 저는 항상 무언가를 할 때 주위 사람들의 눈치를 보느라 꽤 소극적이었거든요. 세미나에서 무언가 질문할 것이 있어도 다른 사람들의 눈치를 보느라 제대로 하지 못했고, 노래를 하거나 율동을 하는 일이 있어도 주변 사람들이 우습게 여길까 봐, 쉽사리 따라 하지 못하곤 했습니다. 그런데 생각해 보니, 오종철 씨의 말이 맞더군요. 저도 다른 사람이 질문을 하거나 율동을 따라 하는 걸 지켜보지 않을 뿐 아니라 그 사람이 누군지 관심조차 가지지 않았거든요. 그렇다면 주위 사람들에게 어떻게 보일지 걱정스러워서 실행을 망설인다는 것은 참으로 바보 같은 짓이 아닐까요? 그 이후로 누군가의 시선이 부담스러워 하고 싶은 일을 망설이는 것은 많이 줄어들었습니다.

다른 사람들에게 피해를 주는 일이 아니라면 굳이 다른 사람의 시선을 의식하지 마세요. 그들의 관심은 그들 자신뿐입니다. 누구도 여러분을 신경 쓰지 않습니다. 타인의 시선으로부터 자유로워지는 것, 그게 실행력을 높일 수 있는 동력입니다.

실행을 방해하는 요인들과 극복방법

실행비용과 결과에 대한 두려움

때로는 실행에 대가가 따릅니다. 실행비용이 든다는 거죠. 좋은 제품 아이디어가 떠올랐다고 해보죠. 그 제품을 사업화하려면 직접 만들어 보기도 해야 하고 다른 사람들이 아이디어를 훔쳐가지 못하도록 특허도 등록해야 합니다. 그 과정에 얼마나 많은 돈이 들지 모릅니다. 아이디어가 구체화되어 사업에 나선다고 하면 그 단계에서도 또 돈이 듭니다. 이전 단계에 비해 더 큰 돈이 필요합니다. 반면에 성공에 대한 가능성은 보장되어 있는 게 아닙니다. 좋은 아이디어라고 해서 모든 것이 성공하는 것은 아니니까요. 비용은 들어가는데 성공에 대한 장담은 할 수 없으니, 많은 사람들이 실행을 주저하게 됩니다.

돈뿐 아니라 실행에 들이는 시간도 비용이 됩니다. 그 시간에 다른 일을 한다면 돈을 벌 수 있는데 그 돈을 못 번 것이니까요. 이걸 기회비용이라고 합니다. 시간과 돈, 에너지 등이 모두 실행비용이 됩니다. 만일 실행비용이 없다면 더욱 많은 사람들이 실행에 나설 수 있겠지만 실행비용을 생각하다 보니 실제 행동으로 옮기는 것을 주저하게 됩니다. 한편으로 결과에 대해 지나치게 두려움을 갖는 것도 실행을 가로막는 요인이 될 수 있습니다. 미래를 내다볼 수 있는 능력이 없는 인간으로서는 해보지 않은 일에 대한 결과가 두렵게 느껴질 수밖에 없습니다. 하지만 결과가 두려워 시도하지 않는다면 그 무엇도 손에 쥘 수 없습니다. 비록 두려워도 과감히 시도하다 보면 손에 쥐는 것이 있을 겁니다.

저는 책 쓰기 코칭을 합니다. 자신의 책을 내고 싶은 사람들을 대상으로 맞춤 코칭을 해주는 거죠. 시중의 다른 과정에 비해 상대적으로 저렴하긴 하지만 그 비용이 만만치 않습니다. 많은 사람들이 관심을 보였다가도 비용을 들으면 움츠러들고 맙니다. 하지만 책이 자신의 꿈을 이루는 데 긴요한 수단이 된다면 눈 딱 감고 투자할 필요도 있지 않을까요? 투자 없이 이룰 수 있는 성공이 있다면 최상이겠지만 어설프게 도전했다가 실패를 맛보고 좌절하는 것보다는 투자를 통해 성공에 가까이 갈 수 있다면 아낄 이유가 없다고 봅니다. 투자는 성공으로 가는 지렛대가 될 수 있습니다. 상대적으로 적은 힘으로 큰 결과를 불러올 수 있는 것이 투자입니다. 손님이 없던 식당이 컨설팅을 받아 메뉴와 맛을 개선하고 손님으로 북적대는 식당으로 거듭나는 사례가 그런 것 아닐까요?

두 가지 이야기를 모아보면, 결과에 대한 두려움과 비용에 대한 부담이 실행을 주저하게 만드는 요인이 된다고 할 수 있습니다. 인생은 때로는 과감한 베팅이 필요할 때도 있습니다. 베팅이 두려워 아무것도 못 한다면 누군가가 시키는 일만 하면서 주는 돈 받으며 소소하게 늙어갈 수밖에 없습니다. 대가 없는 성공은 없는 법입니다. 세상에 공짜는 없습니다. 뿌린 만큼 거두는 것이 세상살이의 이치입니다. 그러므로 투자에 대해 너무 인색해하지 말고 결과에 대해 지나치게 조바심 내지 않길 바랍니다. 뿌리지 않으면 거둘 수도 없는 법입니다.

거절의 두려움 이겨내기

저는 영업에 대해 알레르기를 느낄 정도로 싫어합니다. 만일 직장생활을 하는 동안 영업부서로 발령을 받았다면 그 즉시 그만둘 결심을 했을 겁니다. 그 정도로 영업에 대해서 거부감이 큰데 그 이유는 바로 거절에 대한 두려움 때문입니다. 영업은 거절이라는 세잎클로버 밭에서 수락이라는 네잎클로버를 찾아내는 것입니다. 누구나 다 거절 없이 수락만 한다고 하면 영업이 어려울 이유가 없겠죠. 그런데 저는 불필요하게 자존심이 너무 셌던 것 같습니다. 거절이라는 것을 자존심 상하는 일로 받아들였던 거죠. 거절은 자존심에 상처를 받는 일이라 여겼고 상처받기가 두려워 영업을 멀리하게 된 것입니다. 그런데 거절이 두려워서 아무 말도 못하는 것보다는 거절을 이겨내고 제안을 해보는 것이 오히려 득이 될 수 있습니다. 중고 자동차를 산다고 해보죠. 거절이 두려워 아무 말도 못하고 있으면 부르는 대로 돈을 다 주어야 합니다. 하지만 '200만 원만 깎아주세요'라는 말 한마디 함으로써 100만 원의 이득을 볼 수도 있습니다. 겨우 말 한마디로 100만 원을 아낄 수 있다면 여러분은 말을 아끼시겠습니까?

'거절 프로젝트'를 수행했던 지아 장Jia Jiang의 이야기를 아시나요? 그는 중국에서 태어나 미국에서 학교에 다녔고 성공한 기업가가 되는 것을 꿈꿔온 사람입니다. 이 사람은 저처럼 거절에 대한 두려움을 가지고 있었다고 합니다. 그래서 자신의 꿈을 미루고 살다가 뒤늦게 사업가가 되고 싶었던 꿈에 도전합니다. 하지만 뜻대로 되지 않자, 자신 안에 남아 있던 두려움을 없애고자 100일 동안 하루에 한 번씩 낯선 사람에게 이상한 부탁을 하고 거절당하는 프로젝트를 시작합니다. 의도적으로 거절을 당함으로써 거절에 익숙해지기 위해서였죠. 햄버거를 리필해 달라고 하거나 경비원에게 100달러를 빌리거나 남의 집 문을 두드린 후 뒷마당에서 축구를 하게 해달라는 등의 내용입니다.

놀랍게도 그 프로젝트를 하는 동안 예상했던 것처럼 거절도 많이 당했지만, 한편으로는 승낙을 받은 경우도 많았습니다. 도넛을 오륜기처럼 만들어 달라는 지아 장의 부탁을 들어준 도넛

가게 점원도 있었고 그의 부탁을 들어주지는 못했지만 대신 무언가를 도와주려고 애쓰는 사람들을 많이 만나게 됩니다. 그것을 통해 지아 장은 깨달음을 얻습니다. 거절당하는 것을 두려워한 나머지 자신이 진짜 원하는 것을 표현조차 하지 못했고, 그래서 너무 많은 것을 놓치고 살았다는 것을요. 그동안 그를 거절한 것은 다른 사람들이 아니라 두려워서 도전하지 못했던 자기 자신이라는 것을요. 결국 그는 거절의 두려움을 이겨내고 큰 성공을 거둡니다.

거절이 두려워 손을 내밀지 않으면 성공의 기회조차 가질 수 없습니다. 거절에 대한 공포, 거절에 대한 두려움을 이겨내야만 하고자 하는 일의 실행력이 높아질 수 있습니다. 거절 때문에 무언가 실행을 망설이는 분이 있다면 생각을 달리 해보세요. 거절 속에서 건져 올린 승낙이 여러분을 성공의 길로 안내할 수도 있습니다.

〈성장하는 아이의 가장 큰 필요-에너지〉
에드워드 빈센트 브루어

5초 안에 실행하기

이쯤에서 위로가 되는 말을 하나 해드릴까 합니다. 뇌는 선천적으로 게으름을 선호하는 쪽으로 신경회로의 배선이 이루어져 있다고 합니다. 무언가를 실행하려고 하면 에너지 소모를 동반할 수밖에 없습니다. 사고과정도 마찬가지고 행동도 마찬가지입니다. 아주 어려운 시험을 보고 난 후, 허기가 지거나 격렬한 움직임을 동반한 행동을 하고 나면 배가 고파지는 것이 모두 에너지 소모 때문입니다. 하지만 뇌는 만일의 경우에 대비해서 에너지를 축적해 두려는 경향이 강합니다. 에너지를 쓰고 싶어 하지 않는다는 거죠. 마치 비상금처럼 에너지를 숨겨두려고 하는 거죠. 게으름은 에너지를 쓰지 않는 좋은 방법 중 하나입니다. 그러다 보니 뇌가 만들어내는 방법 중 하나가 무언가 해야 할 때 그것을 하지 않아도 되는 구실을 찾아내는 겁니다.

예를 들어 술을 좋아하는 사람이 있다고 해보죠. 술이 건강에 좋지 않다는 것을 알기에 술을 끊으려 하지만 뇌는 핑계를 만들어냅니다. 이렇게 말입니다. '힘들게 일하고 술 한잔하는 게 내 유일한 낙인데 술마저 없으면 사는 낙이 없잖아?' 그럴듯하지 않습니까? 술 마시는 게 작은 보상이 되는데 그것마저 빼앗는다는 건 잔인한 일처럼 느껴집니다. 그런 생각이 들면 술을 끊으려던 생각은 쏙 들어가게 되죠. 행동도 마찬가지입니다. 갑자기 머리가 아파 병원에 가려고 했다가도 막상 나가려니 귀찮은 마음이 생깁니다. 그러면 뇌는 이렇게 핑계를 만들어냅니다. '머리가 아팠다 안 아팠다 하는 걸 보니 대단한 건 아닌 것 같아. 어쩌면 오늘 밤을 지나면 괜찮아질지도 몰라. 그러니 오늘만 지나 보고 내일도 아프면 그때 가보자.' 이런 경험이 있지 않으신가요? 그러다가 막상 내일이 되면 또 같은 핑계를 댑니다.

《5초의 법칙》을 쓴 멜 로빈스Mel Robbins에 의하면 뇌가 구실을 만들어내기까지는 5초의 시간이 걸린답니다. 그래서 무언가 해야 할 일이 떠올랐을 때 5초 안에 실행에 옮기면 뇌가 하지 않아도 될 구실을 찾아내지 못해 실행력이 높아질 수 있다는 거죠. 이 말이 과학적인 근거가 있는 것인지는 모르겠지만 저자의 주장에 따르면 그렇습니다. 다소 상대하기 힘든 사람과 전화통화를 해야 한다고 생각해 보죠. 막상 전화를 하려고 하면 온갖 생각이 떠오릅니다. '지금은 회의 중일지도 몰라. 나중에 해야겠다', '지금은 어쩌면 점심 먹고 쉬고 있을지도 몰라. 괜히 전화했다가 방해하면 욕먹을 수도 있어', '잠깐. 전화해서 무슨 말을 하지? 조금 정리해보고 전화하자' 그러다 보면 오전에 떠오른 생각이 오후를 지나고 퇴근 시간이 가까워져 옵니다. 그러면 뇌는 또 핑계거리를 만들어내죠. '오늘은 늦었으니 내일 아침 일찍 전화해 보자' 하고 말입니다. 하지만 그 사람에게 전화를 해야 한다는 생각이 떠올랐을 때 바로 전화기를 들고 번호를 누르면 뇌는 구실을 찾아낼 수 없게 됩니다. 일단 번호를 누르고 신호가 가면 되돌릴 수 없습니다. 상대가 전화를 받을 수 없는 상황일 수도 있지만 어쩌면 수월하게 통화가 끝날 수도 있습니다.

무언가 해야 할 일이 생각나거든 곱씹지 말고 바로 실행하세요. 저도 상당히 게으른 편이었지만 이 방법으로 게으른 습관을 바로잡을 수 있었습니다.

예외를 만들지 않기

우리가 무의식적으로 쓰는 말 중 실행을 그르치게 만드는 말들이 있습니다. '딱 한 번만', '이번만' 하는 것들입니다. 모두 예외를 만들어낼 때 쓰는 말입니다. 이번만큼은 마음먹은 대로 하지 않고 하고 싶은 대로 하겠다는 뜻이죠. 하지만 이런 말들이 실행을 망치게 합니다. '딱 한 번만' 하고 말겠다는 도박이 끊을 수 없는 중독으로 이어지고, '이번만' 먹겠다는 치킨이 다이어트를 방해합니다. 상황에 따라 예외를 두는 것도 마찬가지입니다. 둑에 작은 구멍 하나만 있어도 시간이 지나면 둑은 무너질 수 있습니다. 한 번의 예외가 습관을 만들고 그것이 반복되면 오랫동안 공들여 온 실행을 망칠 수 있습니다. '딱 한 번만'이나 '이번만' 아니면 '상황에 따라' 등이 잦아지다 보면 달라지는 주변 환경에 따라 끊임없이 새로운 결정을 내려야 하는 상황들이 생깁니다. 상황에 따라 열량 높은 음식은 먹지 않겠다고 했다면 음식을 먹을 때마다 열량에 따라 먹을지 말지를 결정해야 합니다. 이렇게 되면 의사결정의 피로감이 쌓여 의지력이 소진됩니다.

2010년에 이스라엘의 연구진들이 가석방 심사를 하는 판사들을 대상으로 1,000여 건이 넘는 공판을 연구했다고 합니다. 그 결과 이른 오전에 열리는 공판에서는 판사가 너그러운 판결을 내리는 확률이 65%에 달했지만, 시간이 흐를수록 0에 가까워졌다고 합니다. 의사결정이 반복될수록 피로감을 느끼고 의지력이 소진된다는 것이죠. 이렇게 의지력이 소진되면 결국 뇌는 가장 편안한 방향으로 의사결정을 내리고 마는데 대부분은 최악의 결정, 즉 지금까지 쌓아 온 노력들을 무력화하는 쪽으로 갑니다. 힘들게 몇 달을 끊었던 담배를 다시 피우는 것이나, 죽을 노력을 다해 뺀 살이 다시 찌는 요요현상이나, 아침 일찍 일어나던 습관이 다시 늦잠을 자는 습관으로 바뀌는 것 등이 모두 의사결정의 피로감으로 인한 의지력의 소모 때문에 발생하는 것일 수 있습니다.

그러므로 무언가를 실행하고자 할 때는 예외를 두지 말고 단호하게 원칙을 세우세요. 매일 아침 일찍 일어나 산에 가기로 했다고 결심하면 비가 온다고 해서 거르고 눈이 온다고 해서 걸러서는 안 됩니다. 예외가 생기는 순간 둑에 구멍이 생기고 결국에는 둑을 무너뜨립니다. 원칙을 세우고 단호하게 밀고 나가세요.

싫어하는 일 먼저 끝내기

맛있는 음식과 덜 맛있는 음식 중 어느 것을 먼저 먹는 편인가요? 'Save the best for the last'라는 말이 있긴 합니다만 먹는 것일 경우 맛있는 걸 맛없는 것보다 먼저 먹는 게 낫습니다. 한계효용체감의 법칙 때문이죠. 맛없는 음식을 먼저 먹어 배가 불러오면 맛있는 음식을 먹어도 별로 맛있는 줄을 모릅니다. 차라리 부족해도 맛있는 음식을 먼저 먹고 맛없는 음식은 먹지 않는 게 낫습니다. 그렇다면, 하기 싫은 일과 하고 싶은 일 중 무엇부터 하는 게 나을까요? 이 경우에는 하기 싫은 일부터 하는 것이 더 좋습니다. 하고 싶은 일부터 하면 뒤로 갈수록 하기 싫은 일이 남아 있다는 부담감 때문에 쉽게 지칠 수밖에 없습니다. 결국에는 포기하는 일도 생기고 맙니다. 하기 싫은 일부터 하고 나면 뒤로 갈수록 즐거운 일이 남습니다. 즐거운 일을 포기할 리는 없겠죠.

몸을 단련하기 위해, 혹은 살을 빼기 위해, 혹은 건강을 지키기 위해 운동을 한다고 해볼까요? 운동하는 일은 대부분의 사람들이 싫어합니다. 육체적 한계를 이겨내고 자신과의 힘든 싸움을 해야 하기 때문이죠. 그래서 많은 사람들이 할 수 있을 때까지 미루고 미룹니다. 하루 종일 부담스러운 마음에 시달리다 저녁 늦게 서야 어쩔 수 없이 체육관으로 향하는 경우가 많습니다. 저녁이 되면 각종 약속이 생깁니다. 낮 동안 편하게 지낸 관성으로 인해 하기 싫다는 생각이 들고, 그러면 '오늘 하루만'이라는 예외를 만들어내죠. 어떤 사람들은 미루기가 지나쳐 '기부천사'라는 말을 듣기도 합니다. 가지도 않는 헬스클럽에 꼬박꼬박 돈을 가져다 바치니 말입니다.

이때 아침 일찍 눈 뜨자마자, 운동을 하러 가보세요. '5초의 법칙'을 생각하면서 무조건 길을 나서보세요. 운동 자체가 몸을 괴롭히는 일이고 인내력을 발휘해야 하는 일이니 가는 길에도 수없이 갈등이 생깁니다. 하지만 모든 유혹과 역경을 이겨내고 막상 운동을 하고 나면 하기 싫은 일을 마쳤기 때문에 남은 일들은 즐거운 마음으로 할 수 있습니다. 머릿속이 맑아지고 운동으로 인해 혈류 흐름이 빨라져 집중력과 판단력도 높아집니다. 만일 운동이 하기 싫어 미루게 되면 하루 종일 '운동해야 하는데…'하는 부담 때문에 다른 일에도 지장을 줄 수 있습니다. 그러니 하기 싫은 일이 있을 때는 오히려 그 일을 먼저 끝내 버리려고 하세요. 미루면 미룰수록 더욱 손대기 싫어지고 시간의 지연에 따른 부담감 때문에 끝내는 포기하는 일도 생깁니다.

〈멀리 있는 생각들〉
앨프리드 글렌데닝 주니어

데드라인 효과 활용하기

책 한 권을 쓴다는 것은 참으로 고통스러운 일입니다. 아침부터 밤늦게까지 책상 앞에 앉아 노트북을 두드릴 때면, 때로는 손가락이 움직이지 않을 정도로 얼얼해지고 눈이 침침해지기도 하며 가슴이 답답할 때도 있습니다. 허리도 많이 아프고요. 그러다 보면 하기 싫어지곤 하죠. 하지만 하기 싫다고 그만두면 책은 나올 수 없겠죠.

하기 싫은 일을 할 때 그 일을 이룰 수 있는 방법 중 하나는 마감일을 정해두는 겁니다. 데드라인 효과를 이용하는 거죠. 마감이 정해지면 사람은 마감일이 다가올수록 더욱 몰입할 수 있게 됩니다. 마감일이 없으면 뇌 안의 원숭이에게 사고의 주도권을 빼앗기게 되고 해야 할 일은 나 몰라라, 내팽개쳐 버리게 되고 맙니다. 저는 원고를 모두 완성하고 나서 출판사에 투고하는 걸 선호합니다. 언제 투고할 것인가를 제 스스로 정하는 것인데 그 얘기는 마감일이 없다는 얘기죠. 이럴 경우 탈고가 마냥 늘어질 수 있습니다. 때로는 퇴고를 못 하거나 몇 년이 걸릴 수도 있습니다. 하지만 언제까지는 원고 집필을 끝내겠다고 생각하면 가급적 그 기간 안에 일을 끝내려고 노력하게 됩니다. 비록 스스로의 다짐일 뿐이지만 사람은 자신이 한 말을 지키고 싶어 하는 경향이 있기 때문에 큰 효과를 발휘할 수 있습니다. 무슨 일이든 마감일을 정해보세요. 가급적이면 그걸 써 붙이는 것이 좋습니다. 매일 오며 가며 볼 수 있는 곳에 말입니다.

걱정은 실행력을 낮추는 방해요소

실행력을 높이려면 실행력을 방해하는 요소를 없애야 합니다. 그중 하나가 걱정입니다. 걱정이 지나치게 많으면 실행력이 낮아질 수 있습니다. 인간의 기억이 존재하는 이유는 과거의 경험을 이용하여 미래를 내다보고 예측하기 위해서입니다. 과거의 동일한 실수를 반복하지 않으려는 성향 때문이죠. 그런데 걱정이 많은 사람들은 미래에 대한 불안도 많을 수밖에 없습니다. '지금 이 일을 해도 괜찮을까?' 혹은 '이러다 잘못되면 어쩌지?'와 같은 걱정에 휩싸여 지내게 되고 그로 인해 자기검열을 합니다. 그리고 실행을 위축되게 만듭니다. 쉽사리 결심하기 어렵게 만들고 쉽사리 실행에 착수하지 못하게 만듭니다. 전력을 다해 실행하면

100% 성과를 낼 수 있는 일조차 소극적인 자세로 임해 기대에 못 미치는 성과를 얻곤 합니다.

걱정은 부정적인 성격 탓인데 이럴 때는 의도적으로 긍정적인 측면을 바라보려고 노력해 보세요. 일이 계획대로 안 되었을 때의 부정적인 측면보다 일이 잘 되었을 때 얻을 수 있는 긍정적 효과에 마음을 집중해 보라는 거죠. 부정적인 생각에 사로잡혀 아무것도 시도하지 못하면 얻는 게 아무것도 없지만 긍정적인 측면을 바라보고 실행하게 되면 최악의 경우 그렇게 하면 안 된다는 교훈이라도 얻을 수 있을 테니까요.

세상은 계획대로 돌아가지 않는 법

루시 모드 몽고메리Lucy Maud Montgomery가 쓴《빨간 머리 앤》에 이런 대사가 나오죠. '세상은 생각대로 되지 않는다고 엘리자가 말했어요. 하지만 생각대로 되지 않는다는 건 정말 멋진 것 같아요. 생각지도 못했던 일이 일어난다는 것이니까요.' 읽으면 읽을수록 교훈적인 글이라는 생각이 듭니다. 실행력을 가로막는 요인 중 하나는 결과로 가는 길에 항상 장애물이 나타난다는 건데 때로는 예상하지 못한 장애물도 나타날 수 있습니다. 예상할 수 있는 장애물은 무언가를 시작하기 전에 미리 대책을 세우기가 쉽죠. 그래서 예상했던 장애물이 나타나면 그 대책을 실행함으로써 장애를 극복할 수 있습니다.

문제는 예상하지 못했던 장애물이 나타나는 것입니다. 이때는 계획이 없기 때문에 갑작스럽게 나타난 장애물로 인해 당황하거나 장애물을 극복하기 힘들겠다고 판단되면 포기할 수밖에 없습니다. 그래서 가급적이면 무언가를 실행하기에 앞서 어떤 장애물이 있을 수 있는지 꼼꼼하게 따져보는 습관을 들이세요. 그럼에도 불구하고 장애물은 나타나기 마련입니다. 세상은 생각대로 되지 않는 법이니까요. 이럴 때를 대비해서 마음을 단단히 먹어야 합니다. '일을 하다 보면 예상치 못한 어려움에 맞닥뜨릴 수도 있지만 절대 포기하지 않겠어'라고 말입니다. 세상이 계획한 대로만 돌아가면 누구도 성공하지 못할 일은 없겠죠. 하지만 세상은 안타깝게도 계획한 일보다 계획하지 않은 일이 더 많이 일어나게 마련입니다. 어쩌면 예상하지 못한 장애물을 만났을 때 그것을 이겨내는 힘이 진정한 실행력이고 성과를 만들어내는 힘이 아닐까 합니다.

생각 줄이기

실행력을 높이려면 생각을 줄여야 합니다. 생각이 많은 사람일수록 실행력은 떨어집니다. 실행이 강한 사람은 생각이 단순합니다. 그런 사람을 생각 없이 사는 사람이라고 우습게 보지 마세요. 앞서도 여러 번 언급했지만 아무리 계획을 잘 세워도 실행하지 않으면 그만입니다. 생각을 줄이세요. 생각은 생각을 낳고, 그 생각은 또 다른 생각을 낳습니다. 생각이 많아질수록 생각에 발목이 잡혀 넘어지기 십상입니다. 몽상가가 되는 것이죠. 생각이 많은 사람은 그물이 쳐진 트랙을 달리는 것과 다를 바 없습니다. 숭숭 뚫린 그물 구멍에 빠져 헤어나기가 쉽지 않습니다. 실행력을 끌어 올리고 싶다면 머릿속의 생각을 훌훌 털어 버리세요.

〈의자가 있는 풍경〉
미쿨라시 갈란다

시간의 유한성 깨닫기

사람들이 해야 할 일을 즉시 하지 않고 뒤로 미루는 이유 중 하나는 시간이 무한하다고 생각하기 때문입니다. 시간은 눈에 보이지 않고, 따라서 지나가는 것을 피부로 느끼기 어렵다 보니 언제든 우리 곁에 있다고 생각합니다. 마치 창고에 넣어 둔 물건처럼 언제든지 꺼내 쓸 수 있다고 생각하는 거죠. 그래서 대부분의 사람들은 마음만 먹으면 언제든 무엇이든 할 수 있다고 생각합니다.

하지만 시간은 우리를 기다려주지 않습니다. 사방에 넘쳐 나는 것이 시간인 것 같지만 어떤 일은 시간이 지나면 더 이상 할 수 없게 됩니다. 한 번 흘러간 시간은 되돌릴 수 없게 됩니다. 예를 들어, 어린아이들이 있다고 해보죠. 아이들은 아빠나 엄마와 시간을 보내고 싶어 합니다. 같이 놀아 달라고 떼를 쓰지만 사는 게 바쁘다 보면 놀아줄 시간이 많지 않습니다. 그렇게 시간이 지나다 보면 아이들은 커서 성인이 됩니다. 나이 들어 시간이 많아지고 외로움을 느끼면 아이들을 찾게 되지만 그때가 되면 아이들은 시간이 없어 부모와 놀아주지 않습니다. '어릴 때 아이들과 많이 놀아줄 걸…'하고 후회해 봤자, 소용없습니다. 지난 시간은 돌아오지 않으니까요. 부모님도 마찬가지고 집에서 기르는 반려동물도 마찬가지입니다. 시간이 부족하다는 핑계로 같이할 시간을 미루다 보면 어느 날 모두 떠나고 주위에 아무도 남아 있지 않습니다. 일에도 이런 경우가 많습니다. 그래도 오늘 할 일을 내일로 미루시겠습니까?

인생의 성공을 부르는 마법의 단어

인·절·미

인내력 절박함 미친 실행력

초판 1쇄 인쇄 2025년 4월 2일
초판 1쇄 발행 2025년 4월 8일

지은이 양은우
발행인 전익균

이사 정정오, 윤종옥, 김기충
기획 조양제
편집 김혜선, 전민서, 백연서
디자인 페이지제로
관리 이지현, 김영진
마케팅 (주)새빛컴즈
유통 새빛북스

펴낸곳 도서출판 새빛
전화 (02) 2203-1996, (031) 427-4399 팩스 (050) 4328-4393
출판문의 및 원고투고 이메일 svcoms@naver.com
등록번호 제215-92-61832호 등록일자 2010. 7. 12

값 19,500원
ISBN 979-11-91517-99-6 03190

* 도서출판 새빛은 (주)새빛컴즈, 새빛에듀넷, 새빛북스, 에이원북스, 북클래스 브랜드를 운영하고 있습니다.
* 파본은 구입처에서 교환해 드리며, 관련 법령에 따라 환불해 드립니다.
다만, 제품 훼손 시에는 환불이 불가능합니다.